朝日新書
Asahi Shinsho 774

中流崩壊

橋本健二

朝日新聞出版

新型コロナ禍と二つの「中流」——まえがきにかえて

「一億総中流」——。いまとなっては、なんとも懐かしい響きの言葉である。

かつては存在していた、少なくとも存在すると信じられていたが、すでに失われ、あるいは誰も信じなくなっている。豊かさも生活のあり方もさまざまな日本人の全体を、強引にひとつに結びつける言葉という意味では、アジア-太平洋戦争中の「一億火の玉」にもたとえられようか。

一九八〇年代から始まった格差拡大は、日本の社会のあちこちに巨大な分断をつくりだし、これを形容する言葉は「格差社会」に取って代わられた。そして「格差社会」の地点に立って過去をふりかえれば、いまよりは小さかったとはいえ、また気づかれにくかったとはいえ、当時の日本にも大きな格差があったことがよくみえてくる。

そして日本では二〇二〇年一月から始まった新型コロナ感染症の蔓延《まんえん》は、「一億総中流」の幻想を、最終的に消し去ったといっていいだろう。なぜなら新型コロナ禍は、すべての人々に平等に襲いかかったのではなかったからである。同じような年齢で、同じような健康状態であれば、抵抗力そのものには違いがないのかもしれない。しかし、身体的な抵抗力は大きな問題ではなかったのだ。

私たちは連日、新型コロナ感染症の流行で苦境に陥った人々についての報道を目にしてきた。その多くは非正規労働者に関するもので、これら弱い立場の労働者が、まっさきに雇い止めとなり、収入の道を断たれるという事態が、また繰り返されていることを伝えていた。労働組合の幹部は、これを「コロナ切り」と呼んでいたという。非正規で働くシングルマザーの多くが、収入が減った上に臨時休校で子どもの世話もしなければならず、給食がないので食費もかさみ、追い詰められた。多くの外国人労働者も雇い止めを受け、帰国する交通費もなく、職につくあてもなく、途方に暮れた。

しかし同様に多かったのが、自営業者や個人事業主に関する報道である。飲食店は大幅に売り上げが減り、テイクアウト販売を始めたりするもののまったく追いつかず、家賃や光熱費の負担に苦しんでいた。商店街からは人通りが消え、衣料品店や雑貨店などは売り上げが激減し、次々に閉店を余儀なくされた。町工場は中国や韓国から部品が入ってこなくなり、受注も激減して、廃業へと追い込まれていった。ゼネコンなどから個人または数人で作業を請け負う建設業者は、作業現場で感染の危険にさらされ、あるいは工事の停止によって収入を断たれた。

このように新型コロナ禍の直撃を受けたのは、まず非正規労働者、そして自営業者や個人事業主だった。ここに新型コロナ感染症の「階級性」があらわれている。その流行は、日本がれっきとした階級社会であるという事実をあらわにしたのである。

もっとも非正規労働者が脆弱《ぜいじゃく》な立場にあることは、すでに広く知られていた。しかし今回、新たにあらわになったのは、自営業者や個人事業主など、階級論の用語を用いれば旧中間階級に属する人々の脆弱性である。

詳しくは第2章で論じるが、一般に現代社会には、資本家階級と労働者階級という二大階級のほかに、二つの中間階級がある。それが、新中間階級と旧中間階級である。新中間階級とは企業などで働くホワイトカラーや専門職のことである。一方の経営者、他方の現場で働く労働者の、文字通り中間に位置する階級で、資本主義の発展によって新しく生まれてきた階級である。これに対して旧中間階級は、ひとりで経営者、そして現場で働く労働者の両方を兼ねるような働き方をしている人々で、前近代社会から存在している旧い階級である。

新中間階級と旧中間階級は、近代日本における二つの「中流」である。一方は、学歴や技術をもち、組織のなかに地位を築く「中流」。他方は、事業に必要な有形無形の資産をもち、独立自営で働く「中流」である。この二つの中流は、普通の人々に手の届く「ほど ほど」の目標であり、だからこそ「中流」の多い社会は望ましい社会だとみなされてきた。

ところが新型コロナ禍は、この二つの「中流」に大きな違いがあることを浮き彫りにした。業種によって違いはあろうが、新中間階級は在宅勤務で大方の仕事をこなすこともできたうえ、さしあたって雇用と給料は保証されていた。ところが他方は廃業の危機に、ひいては階級としての存続の危機に追い込まれたのである。

小さな商店や町工場が多数あるからこそ、多様で個性的な商品が流通し、ニッチな分野での商品開発も進んできた。最低限の生活は大量生産・大量消費でも可能かもしれないが、それ以上の部分は旧中間階級の存在による部分が大きい。また多くの労働者が、町工場や商店の主になることを夢見て働いてきた。新中間階級のなかにも、独立して起業しようとする人は多い。旧中間階級という身近な目標が失われることは、社会にとって大きな損失である。

また旧中間階級と非正規労働者は、密接な関係にある。飲食業やサービス業を含む多くの商店がパートやアルバイトを雇い、雇用の機会を提供してきた。一般に低賃金であるところに問題はあったし、また雇用は安定していることに越したことはないが、学生や主婦など人生の一時期だけの雇用に対するニーズを満たすという意味はある。

だから窮地に陥っている自営業者や個人事業主を社会全体で支えること、そしてその基盤をさらに安定したものにしていくこと、このことを通じて非正規労働者の雇用を安定させ、さらにはその労働条件を改善していくことは、現代日本の直面する喫緊の課題である。いまここで旧中間階級を衰退させてしまうようなことがあってはならない。そうなれば生活の豊かさと社会の多様性が、大きく損なわれるだろう。そして、すでに深く進行してしまった「中流崩壊」は、最終的に完成するだろう。

「総中流」がいくら幻想を含んでいたとしても、たしかに「中流」の人々は存在していた。また「中流の崩壊」が語られるようになって久しいが、いまでも「中流」の人々は、たしかに存在している。ある時期までの日本人が「総中流」をもてはやし、またこれを信じたのは、それが社会のひとつの望ましいあり方を示していたからだろう。誰もが豊かで幸せな生活を送ることのできる社会という理想が、ここには含まれている。したがって、単なる幻想と片付けるわけにはいかない。現実の社会を、ここへと近づけていく努力を放棄してはならない。新型コロナ禍を経験したいま、旧中間階級を守り抜くことは、そのための第一歩である。

本書は、戦後日本における「中流」の成り立ちと歩み、そして現状をデータを通じて跡づけるとともに、現代において「中流」を再生させるために何が必要かについて論じたものである。その構成は、次の通りである。

第1章では、「総中流」という言説の根拠とされてきたデータが、いかに根拠薄弱で有害なものかを明らかにする。この言説は一九七〇年代から広まり始め、日本社会の優位性を強調する言説へと成長していった。しかしこの言説が広まったころには、すでに格差拡大は始まっていた。

第2章では、このように「総中流」の言説が受け入れられた背景について考える。「中流」という言葉には、人々の望ましい生活のあり方というイメージがつきまとう。それというのも「中流」とは元来、働くことに意味を見出しがたい「疎外された労働」に陥りやすい資本主義社会にあって、そうではない働き方をする人々のことだったからである。

第3章では、「総中流」という言説の出現から崩壊、そして「格差社会」の出現までを素描する。それは、「総中流」に捧げるレクイエムである。

第4章では、それでも日本に存在している現代の「中流」の人々の姿を、データにもとづいて描いていく。現代日本の「中流」は、組織の中堅部分を担う被雇用者である新中間階級と、自分で小さな事業を営む旧中間階級の二つから成り立っているが、それぞれの内部にも多様性がある。

第5章では、社会を形成していく主体としての、「中流」の人々の可能性について考える。これまで多くの論者が、主体としての「中流」について論じてきた。ある者はファシズムの担い手と考え、ある者は社会に調和をもたらす媒介者と考え、ある者は社会を変革する主体と考えた。現実の「中流」は、どの「中流」像に近いのか。データにもとづいて考えていく。

そして終章では、幻想ではなく理想的な社会としての「総中流」の可能性と、これを実現するための「中流」の役割について考える。

ここで、使用するデータについて説明を加えておきたい。

本書では、官庁等の統計のほか、さまざまな社会調査データを用いる。なかでも重要なのは、SSM調査データと、二〇一六年首都圏調査データである。SSM調査は正式名称を「社会階層と移動全国調査」といい、階級・階層研究を専門とする社会学者の研究グループにより、一九五五年から一〇年ごとに行われている。最新の調査は二〇一五年に実施された。データの使用にあたっては二〇一五年SSM調査データ管理委員会の許可を得た。[*1] なおSSM調査は、一九五五年から七五年まで男性のみを対象としており、八五年になってはじめて女性が調査対象に加えられた。このため長期的な動向をみる分析では、男性のみを対象としている。調査対象者の年齢は、二〇〇五年までが二〇歳から六九歳、二〇一五年が二〇歳から七九歳である。二〇一六年首都圏調査は私を中心とする研究グループによって実施された調査で、調査対象は東京都心から半径五〇キロメートル以内の住民である。この調査は、意図的に富裕層または貧困層の多い地域、ブルーカラーの多い地域、子育て世代の多い地域など、特徴的な地域を対象地として選ぶことにより、格差の影響をより明確に観察するよう設計されている。[*2] 調査対象者は、二〇歳から六九歳である。

なお本書では、多くの表やグラフでデータから計算されたパーセンテージを提示するが、その際には四捨五入の処理などにより、合計が一〇〇%にならなかったり、一致しなかったりする場合があることを付記しておく。

中流崩壊　目次

第3章 「総中流」の崩壊

写真／朝日新聞社
図版／谷口正孝

第1章

「総中流」の思想

1 「総中流」論の起源

米国世論調査にみる「中流」意識

問. あなたはこの国のなかで、どの階級に所属していると思いますか。

上流（Upper）
中流（Middle）
下流（Lower）

この種の設問は、質問文や選択肢の数がいくぶん異なるものも含めて、今日では世論調査の定番となっている。読者も、一度や二度は目にしたことがあるだろう。こうした設問によって把握される人々の意識は、「階層帰属意識」（または「階級帰属意識」）と呼ばれている。

　ここに掲げたのは、一九三五年にアメリカ世論研究所として発足し、今日では全世界で世論調査を手がけるギャラップ社の創業者、ジョージ・ギャラップが、創業まもないころに実施した世論調査の設問のひとつで、ひとつの国全体を対象とする大規模調査で用いられたこの種の設問としては、もっとも古いものと思われる。

　ギャラップの調査は、今日では社会調査の常識となっている科学的な方法にもとづくものだった。彼の名を一躍高めたのは、創業の翌年に実施された米国大統領選挙である。主要候補者は、再選を目指す民主党のフランクリン・ルーズベルトと、共和党のアルフレッド・ランドン。当時の有力週刊誌で、独自の世論調査をもとに過去五回連続で当選者を的中させていた『リテラリー・ダイジェスト』誌は、二〇〇万人以上の回答を得た調査の結果から、ランドンが五七％の得票を得て当選すると予想した。これに対してギャラップは、わずか三〇〇〇人を対象とする調査から、ルーズベルトが五四％の得票を得て当選すると予想した。

　結果はどうだったか。予想を的中させたのは、ギャラップの方だった。ルーズベルトが六〇％の得票を得て、全米四八州中四六州で勝利し、選挙人五三一人のうち五二三人を獲得するという圧勝を収めたのである。

ギャラップの調査は、周到に設計されたものだった。彼は選挙権をもつ人々全体を「収入中間層・都市居住者・女性」「収入下位層・農村部居住者・男性」のような、相互に重ならず、しかもすべてをカバーするいくつかのグループに分け、それぞれのグループに対して一定比率で対象を抽出し、調査したのである。この方法によれば、調査対象の偏りを避け、しかも比較的少数の調査対象者で、選挙権をもつ人々の全体を代表する結果を得ることができる。

これに対して『リテラリー・ダイジェスト』誌の調査は、この雑誌の購読者と、自動車保有者および電話利用者の名簿から、一〇〇〇万人の対象者を選んで質問紙を郵送し、返送された二〇〇万人の回答者を得たというものだった。世界恐慌直後の時代に雑誌を購読し、また自動車や電話を所有する人々は、著しく富裕層に、つまり共和党支持者に偏っていた。このことが明暗を分けたのである。ちなみにこの結果によって『リテラリー・ダイジェスト』誌の評価は地に落ち、経営難から他の雑誌社に吸収されてしまったという。*1

古い調査であるとはいえ、同様の方法によって行われた調査だから、これによって当時の米国国民の階層帰属意識を知ることができると考えていいだろう。結果は、次のようなものだった。

上流階級　　六%
中流階級　八八%
下流階級　　六%

米国人の九割が「中流」と回答

この数字をみる限り、米国人の九割近くが自分を「中流階級」とみなしていたことになる。ここからギャラップは、「中流階級に属しているという感覚が、思考の全体的なパターンとなっている。平均的なアメリカ人は、中流階級的な生活の伝統を、あたりまえのことと考えているようである」と結論している。*2

一九四〇年には『フォーチュン』誌も同じような調査を行っている。設問がギャラップのものほど単純ではなく、二つの設問への回答が合算されていることもあって（この点については後述する）、やや結果は異なるが、七九・二%の人が自分は中流階級だと答え、上流階級と答えたのは七・六%、下流階級と答えたのは七・九%、無回答が五・三%だった。*3

これらの結果をもとに、何人かの著名な執筆者たちは、米国はほぼ完全に中流階級の国であり、人々はみんな、自分たちは巨大な同一の集団に属していると考えているのだと主張するようになった。*4 中流階級とはその名の通り、上と下にそれぞれ別の階級がいる人々のことではあるのだが、上下の階級にわずかな人々しかいないとなれば、事実上はほとんどの人が同じ階級に所属する社会、つまり無階級社会とみなしてもそれほど間違いではない。このように階層帰属意識に関する集計結果をもとに、この社会は中流階級の社会だ、均質で平等な社会だなどとする主張は、日本だけではなく海外でも、古くからみられるのである。

そして第二次大戦後の米国では、この主張はありふれたものになっていく。ジャーナリストのヴァンス・パッカードは一九五九年の著書『地位を求める人々』のなかで、次のように述べている。

かつてのような社会階級は、今やまったく消失しつつあるという意見も、だいぶ強く出てはいる。アメリカ国民は、無類の平等社会をつくりあげたといわれる。この意見にしばしば耳を傾けてみよう。

数カ月前のこと、ある全国的に名の知られた雑誌が、今やアメリカ合衆国は、「歴史上はじめて、真の階級無き社会」に到達したと宣言した。その数週間あとのこと、ある出版業者は、アメリカにおける階級組織の消滅を「現代最大のニュース」として、大いに讃えた。それからややあって、ある市場調査研究所の所長は、アメリカは現在「一大中産階級化」していることを発見したと発表している。*5

反共産主義の影響

パッカードによると、こうした風潮は社会学者にまで広がり、米国に階級などあるはずはないという考えから、階級についての研究がまともに行われなくなった。その結果、米国の社会科学者たちは、ニューギニアの階級については詳しいのに、米国の階級については何も知らないというような状態になってしまった、という。

ジャーナリストのバーバラ・エーレンライクも、同じように「階級がないという神話によって、アメリカの社会学は不毛になってしまった」という。彼女によると、この「階級がないという神話」は、一九五〇年代の反共産主義と関係している。この時期、共和党の上院議員だったジョゼフ・マッカーシーの講演をきっかけに、共産主義者を排除する動きが激化し、多くの政府関係者、映画人、知識人などが共産主義者だとして迫害を受けた。こうしたなかで、米国に階級が存在しないことは「アメリカの公認されたイデオロギー」となり、これを信じない人は大学から追放されたり出版社から出版を拒否される危険にさらされた。このため不平等の問題を強調したり論じることができなくなってしまった、というのである。[*6]

たどることになる。

2　日本における「総中流」論

幻想だった「中流」意識

政治的な迫害にまでつながったというわけではないが、しばらくすると日本も同じ道をたどることになる。

最初に主張し始めたのは、経済企画庁の官僚たちだった。一九六七年に公表された『国民生活白書（昭和四一年）』は、「階層帰属意識」と題する節を設け、「国民生活に関する世論調査」の結果を紹介している。これによると自分の生活程度を「中の中」と感じている人の比率は年ごとに増加して一九六五年には五〇％に達し、さらに「中の下」が二九％、「中の上」が七％を占めていて、「上」「下」はそれぞれ一％、八％に過ぎない（他に「不明」が五％）。白書はこのような変化を「中流階級意識の増大」と呼び、これは「（昭和）三五、六年以降の高度成長の過程で進んだ所得の平準化、サラリーマン層の急増、マスコミュニケーションの影響と大量生産商品の増大、都市化の進展、生活様式の洋風化など経済的、社会的条件の変化を反映するものであり、意識面で国民の生活に格差がなくなってきたことを示している」と結論する。

さらに一九七〇年に公表された『国民生活白書（昭和四五年）』（経済企画庁）は、冒頭に「国民生活における均質化の進展」と題する節を設け、「家計調査」の結果から地域別・階層別の所得格差が縮小したことを指摘したあとで、「国民生活に関する世論調査」の結果から、一九六九年には「中の上」が五二％、「中の下」が三〇％、「中の上」が七％と、「中流」の合計が八九％に達しており、「中流意識の一般化を顕著に示している」という。そしてこのことは、「六〇年代の高度成長の過程で、所得や消費だけでなく意識の面でも格差がなくなってきたことを示しているといえよう」とまとめている。

おそらくはこの白書の執筆を担当したと思われる、経済企画庁長官官房会計課長（当時）の岩田幸基は、この白書の約一年後、『現代の中流階級』という著書を新書版で出版する。執筆にあたっては、「同じ経済企画庁で机を並べる」三人の同僚の協力を得たというから、白書の続編のようなものと考えていいだろう。その冒頭におかれたパラグラフは、なかなか思い切ったものである。

日本は世界でも稀れな『階級なき社会』だといわれる。イギリスやフランスなどのヨーロッパ諸国はもちろんのこと、一見自由平等の権化のようにみえるアメリカでさえ、人々の間には厳然とした社会階級の差別が存在している。ところがわが国の場合は、日本のどこかの街角に立って、道行く人々に「あなたは社会的にみて、どの階層に所属していると思いますか」と問いかけてみるといい。おそらく百人のうち九十人以上の人々から「まあ中流だろうな」という答えが返ってくるはずだ。みんなが「中流階級」というひとつの階級に属している「一億人の中流社会」、それは言葉を代えていえばまさに『階級なき社会』だといっていいだろう。*7

国際比較をしたわけでもないのに、日本を世界でもまれな「階級なき社会」だと断ずるところは、その後「一億総中流」論が普及した時代に、全国津々浦々の中高年男性——だけではないが——たちが物知り顔に発していたであろう言葉そのものだ。社会学者の神林博史が指摘するように、この書こそ「『総中流』社会論の始祖」といってもいいだろう。*8同時に、英国やフランスなどのヨーロッパ社会が階級社会であるということが自明の前提とされていること、さらに米国人たち自身が否定しているにもかかわらず、米国社会をも階級社会だとみなしているところにも、注意しておこう。

もっとも一九七〇年の白書、そして岩田は、「中流意識の一般化」という現実を、手放しで礼讃していたわけではない。たとえば白書は、現代日本では「新しい商品が次々に出現し、消費の高度化が急速に進行しつつある」が、他方では「中流意識が一般化し、加えて情報量が著しく増大したため、デモンストレーション効果[*9]や依存効果[*10]が強く働くようになった」。このため「膨張する欲望と現実との間にギャップが生じ、それが人々の欲求不満を高める」結果を引き起こしている、と指摘している。また岩田の著書には「意識と生活のギャップを探る」という副題が付けられていたし、わざわざ「欲求不満の〝中流階級〟」と題する一章を設け、自分を「中流」と考える人々の多くが、実際にはこれにふさわしい収入や地位、財産などをもっているわけではなく、「中流意識は、実はほとんどが意識面だけでの話であって、現実とほど遠い〝幻の中流意識〟」だとまで書いている。その意味で、この時点までの「総中流」言説は、いくぶんかの節度と冷静さを保っていたといっていいだろう。

冷静さが失われていくのは、一九七七年一〇月に公表された『国民生活白書』あたりからである。この白書は三つの章から成り立っているが、「生活や意識の変ぼうとこれからの課題」と題された第三章は、まず日本が欧米諸国と比べて同等以上に豊かになったという事実を、これでもかと並べ立てる。一人あたり国民所得は、スウェーデン、米国、西ドイツ、フランスに比べれば低いが、英国とイタリアを上回っている。一人あたり年間個人貯蓄額は世界最高で、一人あたり個人金融資産残高は米国には及ばないものの、西ドイツに近づき、英国をかなり上回っている。平均寿命はスウェーデンと同等で、他の諸国を上回っている。カラーテレビの普及率は九四%で、米国の六七%を上回り、世界でもまれなほどの高さである。そして進学率は高く、犯罪の発生率は低い、など。

さらに白書は、経済的な平等化も進んだという。一九六〇年から七六年までの所得のジニ係数（格差の大きさを示す統計量で、格差が最大のとき一、格差がまったくないとき〇の値をとる）は、一九六〇年代末まで低下を続けたあと横ばいで、金融資産のジニ係数はいまも低下を続けている。職業間、そして地域間の賃金格差も縮小してきた。OECDの国際比較によれば、ジニ係数は先進国中でも低く、「わが国はかなり平等であるよう」で、とくに「極端に貧しい人」が少ないという特徴がある、と。

そして「中流意識」だが、白書が示したのは、やはり「国民生活に関する世論調査」の結果だった。その設問と回答の分布は、次のとおりである（ただし白書は四捨五入した一％単位の数字を示している）。

問．お宅の生活程度は，世間一般からみてこの中のどれに入ると思いますか。

上	〇・六％
中の上	七・五％
中の中	五九・二％
中の下	二三・四％
下	五・〇％
わからない	四・二％

自分を「中」と考える人は九〇％に達しており、そのなかでも「中の中」とする人が五九％にも達している。このように日本では、「多くの人が『中流』階層帰属意識とくに六

割の人が『中の中』意識をもっているのである」。もっとも最後の部分では、「多くの人が『中流』意識を持つようになればなるほど、『とり残された人々』は逆にいっそうみじめである。こうした人達の教済もさけては通れない課題である」と、とってつけたような一言が出てはくるのだが、基本的には脳天気な日本社会礼讃といっていい。とくに欧米諸国と比較して日本が優れていると強調するところには、ある種のナショナリズムも感じられる。

巨大な「新中間階層」の出現

ほぼ同じ時期に、この自分を「中」と考える人が九割に達したという調査結果から出発して、ひとつの壮大な日本社会論を展開し始めたのが、経済学者の村上泰亮《やすすけ》である。最初に書かれたのは、「新中間階層の現実性」という小文で、一九七七年五月二〇日の『朝日新聞』夕刊に掲載された。あるいは『白書』を執筆した官僚たちは、ここから着想を得ていたかもしれない。まず村上は、自分の生活程度を「中」と答える人は九〇%であり、そのうち「中の中」と答える人も六〇%に達していると、『白書』と同じ数字を紹介する。

なぜ、こうなったのか。それは日本の社会構造が大きく変化したからである。高度成長期を通じて生活水準は向上し、所得格差も小さくなった。ブルーカラーとホワイトカラーの差も不明瞭になった。都市・農村を問わず「都市化」が進んだ。こうして「課長、事務職員、職長、工長、工員、店主、店員、農民」などの生活様式には差がみられなくなった。さらにマスコミと大衆教育が、人々の意識を平準化した。この結果、「上層でも下層でもない中間的な地位に、生活様式や意識の点で均質的な巨大な層が現われ、しかもその層が周辺をさらにとりこんで拡大しつつある」。これを村上は、「新中間階層の成立」と呼ぶのである。

村上の主張は多くの反響を呼んだ。批判は多く、新聞の紙上で論争も行われ、のちに「新中間層論争」などと呼ばれるようにもなった。とくに多くの批判が集中したのは、自分を「中」と考える人が増えたという意識の問題から直接に、大多数の人々が均質な「新中間階層」になったと短絡的に結論しているところで、この点に関してはのちに村上も、後述のように自説を修正するようになった。しかし、村上に対する批判が正しかったかどうか、村上の返答が的確だったかどうかとは無関係に、その主張が広く一般に受け入れられていったという点では、論争は村上の圧勝に終わったといっていい。

そして村上は一九八四年、『新中間大衆の時代』を出版し、自説をより体系的に展開する。「階層の非構造化」と題されたその中核部分は、あたかも村上の勝利宣言のようだった。

冒頭で村上は、「国民生活に関する世論調査」から、「中」が九割、「中の中」が六割を占めるという事実を示し、「この世論調査の結果を使って、『一億総中流化』、『階級のない社会』等々の議論が試みられるようになってから既に久しい。この議論は多くの人によってしばしばくり返されて、人々の間で何となく常識化してしまったようにみえる」とする。その上で世論調査の「ただ一つの質問への回答に依存して、『総中流化』といったような結論を出すことには、大きな無理がある」と、自分が公正な裁定者であるかのように演出してから、検討を始める。

階層化の三つの次元

まず村上は、人々の間に序列を生み出す「階層化」には、三つの次元の区別が必要だとする。それは、(一)経済的階層化、(二)政治的階層化、(三)文化的階層化である。前近代社会では、この三つの次元は一体のものとなる傾向があるが、近代社会では三つの独自性が高まり、各次元での序列が一致するとはいえない。そして村上は、現代日本における三つの階層化について検討を始める。

まず経済的次元においては、所得が平等化し、福祉政策の財産再配分効果によって人口の大部分が「亜有産者化」し、さらに株主や経営者の影響力が弱まったことから、階層化が弱まっている。これに対して政治的次元では、普通選挙によって階層化が弱まった反面、行政機構と企業組織におけるヒエラルキーの強化により、階層化が強まっている。そして文化的次元においては、生活様式の均質化、教育の普及とマス・メディアの発達、文化の担い手が広範な大衆に移行したことなどから、階層化が弱まっている。こうして村上は、政治的次元の一部を除いて階層化が弱まっており、しかも各次元が不一致化＝非斉合化したことから、大半の人は自分を下層とは意識しえなくなり、九割が自分を「中」と考えるようになったのだ、とするのである。ここで村上は、かつての「すべて均質」というような極論を取り下げ、各次元の非斉合化によって、自分を「中」と考える人々の間に、所得だけが高い人、学歴だけが高い人などの多様性があることを認めて、「新中間階層」を「新中間大衆」と言い換えるなど、主張を一部変更している。しかし日本人の大部分が「新中間大衆」になったというのだから、基本のところは変わっていない。

3 つくられた「総中流」

忘れられつつあった「階級」という用語

村上がいうように、一九八〇年代のこの時期までには、「総中流」は一種の常識と化していた。それは、社会科学の研究者の間でも同じである。米国と同様に、人々の間の序列や格差の存在を明示する「階級（class）」という概念は、ほとんど使われなくなっていた。ヨーロッパで書かれた著書や論文では「階級」という用語が頻繁に使われていたが、これを日本語に翻訳したり、日本語の著書や論文で取り上げる際には、「階層」または「社会階層」と訳されることが多かった。

「階層（stratification）」というのは、はじめ米国の社会学で使われるようになった用語で、「階級」との違いについては、後者が理論的な基準――ここでいう「理論」とは、多くの場合マルクス主義のことである――にもとづいて明確に区別され、利害対立を伴う集団を指すのに対して、前者は人々が多元的な尺度によって連続的に序列化されている状態を指すものであり、明確な集団ではなく、利害対立を伴うとは限らない、というように説明されることが多い。[*11] 村上の三つの次元に即していうなら、人々は経済・政治・文化のそれぞれの次元において、連続的かつゆるやかに序列化されていて、はっきりした輪郭をもつような集団は存在しない、ということになる。

「一億総中流」だからといって、すべての格差や序列がなくなるはずはない。そして「一億総中流」という「常識」を前提とし、そのなかでのささやかな格差や序列を問題にするならば、「階級」という言葉ではなく「階層」という用語を用いるのは当然だろう。こうして日本の社会学でも、「階級」はほぼ忘れられた用語となっていく。

先に、米国と違って日本では、階級という用語の使用が政治的な迫害につながったわけではない、と述べた。しかし、それに近いことならあったと思う。私は一九八二年に大学院へ進学したが、大学院の入試の面接で面接の教員から、「君は入学したあと、研究ではなく社会運動の方に進んでしまうのではないか」と詰問された。階級というマルクス主義の概念を使っているのだから、左翼運動に関係しているはずだと考えたのだろう（実際、関係はしていたが）。研究会や学会発表の場では、発表の内容そのもの以前に、「なぜ階級という用語を用いるのか」「日本には階級はないのではないか」「階層という用語を用いるべきではないか」などという質問を、何度にもわたって受けた。また大学教員の公募に応募して、何度目かの不採用通知を受け取ったとき、研究室の教員から「『橋本くんはマルクス主義者だから採用できない』といってる人がいるよ」と、暗に研究の方向を変えるよう示唆されたこともある。こんな研究環境だから、周囲の大学院生に、階級という概念を使う者は一人もいなかった。

「中流」という回答へ誘導された人々

しかしこうした「総中流」論に対しては、早い時期から有力な批判があったのである。そのおそらく最初のものはリチャード・センタースによる批判で、一九四七年、先に紹介したギャラップと『フォーチュン』誌の調査に対して直接に向けられたものである。

センタースはいう。階級というものは、人々の間でその通りの名称で呼ばれているとは限らない。だから実労働に従事する人々は、自分を「労働者」「労働者階級」「労働する人々の階級」「勤労者」「勤労階級」などと呼ぶのであって、社会科学者がこれらの人々を指すのに用いる「下流階級」という言葉が用いられることはほとんどない。これは「下流階級」という言葉が敗者の響きをもつのに対して、勤労者・労働者などの言葉は、社会的に貢献していることを表すからである。そこでセンタースは、「上流階級」「中流階級」「下流階級」に「労働者階級」「分からない」「階級の存在を信じない」の三つを加えて選択肢を六つとした設問を作成して調査した。その結果は、次の通りだった。[*12]

問. あなたはもしも中流・下流・労働者・上流の四階級のうち、どれに所属するかと聞かれた場合、どれに所属すると答えますか。

上流階級	三%
中流階級	四三%
労働者階級	五一%
下流階級	一%
分からない	一%
階級の存在を信じない	一%

「中流階級」と回答した人の多くが、実はそれ以前に自分を「労働者階級」だと考えてい

たということがわかる。彼ら・彼女らは、自分たちをむりやり三種類の階級に分類させようとする設問によって、「中流」との回答へと導かれていたのである。さらに『フォーチュン』誌の調査結果は、センタースも言及しているのだが、被調査者を強引に「中流」に分類したとさえいえるものだった。集計では中流階級が七九・二％だったとされているのだが、もとの設問は、記事の記述から再構成する限り、次のようなものだったらしい。

問．あなたは、アメリカにおいてあなたが所属している階級を指すのに、どの言葉を使いますか。

上流
中流の上
中流
中流の下
下流
労働者・勤労者

失業者・無職者・弱者

事業家・重役・専門職・ホワイトカラー

その他（　　　　　　　）

分からない

これに対する回答は、次のようにバラエティに富んだものだった。「上流」「中流の上」「中流」「中流の下」「下流」のいずれかを選んだのは全体の四三・五％に過ぎず、「その他」を選んだのが一六・一％、「分からない」が二七・五％に達していたのである。

上流	一・六％
中流の上	一・七％
中流	三八・六％
中流の下	〇・四％
下流	一・二％

労働者・勤労者	一〇・六％
失業者・無職者・弱者	〇・三％
事業家・重役・専門職・ホワイトカラー	二・〇％
その他	
その他の上流（最良、最高など）	一・三％
その他の中流の上（平均以上、良好など）	〇・八％
その他の中流（中間、並、普通など）	五・五％
その他の下流（貧乏、最貧、貧民、	
三流、アンダークラスなど）	二・八％
その他（米国人階級、自由思想階級、	
良民階級、外国人階級、黒人階級など）	五・七％
分からない	二七・五％

そこで『フォーチュン』誌は、「上流」から「下流」までを選ばなかった五六・五％の回答者には、次のようなもうひとつの設問に回答させた。回答の分布も示しておこう。

問．あなたが属している階級を、次の三つの言葉のどれかで表さなければならないとしたら、あなたはどれを選びますか。

上流階級　一〇・六%
中流階級　六八・二%
下流階級　二一・九%
わからない　九・三%

(%)

不明	合計	「中」合計
4.3	100.0	91.8
2.4	100.0	87.7
1.9	100.0	94.8
0.5	100.0	93.8
0.1	100.0	91.2
5.3	100.0	86.1
1.1	100.0	92.9
0.2	100.0	92.6
1.8	100.0	94.3
0.5	100.0	89.4
14.5	100.0	42.9
0.7	100.0	93.8
1.0	100.0	93.7

この尋ね方ではどの国でも九割が「中流」に

こうして、先の設問で「上流」から「下流」までを選ばなかった回答者の七割近くが、「中流」へと分類し直された

図表1-1　階層帰属意識の国際比較(1979年)

	上	中の上	中の中	中の下	下
オーストラリア	1.1	8.6	72.8	10.4	2.7
ブラジル	4.4	13.1	57.4	17.2	5.5
カナダ	1.2	14.2	68.8	11.8	2.2
フランス	0.4	10.9	57.7	25.2	5.3
インド	1.2	12.0	57.5	21.7	7.5
イタリア	0.7	7.0	56.9	22.2	8.0
日本	1.1	12.5	56.0	24.4	5.0
フィリピン	1.3	7.0	67.1	18.5	5.9
シンガポール	1.0	3.9	74.2	16.2	3.0
韓国	1.1	14.7	51.0	23.7	9.0
英国	0.1	2.2	31.6	9.1	42.5
米国	1.9	15.7	60.7	17.4	3.6
西ドイツ	1.8	11.2	62.5	20.0	3.6

出典)1980年国際価値会議事務局『13カ国価値観データ・ブック』。
注)設問は「もし社会の人々が次のような5つの階級に分けられるとしたら、あなたはどこに入りますか」。選択肢は1.High 2.Upper middle 3.Middle 4.Lower middle 5.Low。ただし英国のみは5.Working Class.

ことになる。これを先の設問で「上流」から「下流」までを選んだ回答者と合算した結果、七九・二%が「中流」とされたのである。

ここからわかるのは、次のことである。人々は多種多様な階層帰属意識をもっている。自分の所属する階層(階級)に思い当たるもののない人も多い。これをむりやり「上流」「中流」「下流」の三つに流し込めば、「中流」が多くの比率を占める結果となるのである。

だから同じ質問をすれば、ほぼどこの国でも「中」が回答者の大多数を占めることになる。このことはすでに一九八〇年までには知られていた。図表1－1のような調査結果があったからである。英国以外の国では、「中」の合計がいずれも九割前後で、ほとんど違いがない。日本が、とくに高い方だというわけでもない。英国のみは、「下」のかわりに「労働者階級」という選択肢が使われていたため分布がまったく異なっているが、その分布はセンタースの調査結果とよく似ていて、両者が比較可能な結果になっていることがわかる。

この調査結果は、一九八〇年一月一日の『朝日新聞』で紹介された。見出しには「中流意識は世界的傾向」とあり、本文には「これまで日本人の九割までが『中流意識』であるといわれてきたが、この意識は日本だけでないことが判明した」と書かれている。元日の朝刊だから、多くの人がこの記事を目にしたはずだが、このことが「総中流」という「常識」に何か影響を与えたという形跡はない。実際に多くの論者が、この調査結果をまったく意識することなく「日本は一億総中流の社会だ」と主張し続けた。

中流意識は世界的傾向

余暇開発センター調べ　「趣味に生きる」も大勢

財団法人余暇開発センター（佐橋滋理事長）は三十一日、八〇年代の新しい生活様式を探るため実施した十三カ国の国際価値比較調査速報を発表した。それによると、「九割が中流意識、というのは日本だけの特徴でなく、世界的な傾向」「政治的態度も多くの国々で中道指向」「人生の願いとして、趣味にあった暮らし方が共通して多数を占める」など、という調査結果がまとまった。

調査は英ギャラップ・インタナショナル社に依頼、日、米、英などサミット七カ国に豪州、ブラジル、インド、韓国など計十三カ国を対象に各国千—千五百のサンプルで行った。同センターでは今年十月、国連大学などと共催で、価値問題に関する国際会議を予定しているが、今回の原データを広く研究者や研究機関に提供したいとしている。

ハッピー

これまで日本人の九割までが「中流意識」であるといわれてきたが、この意識は日本だけでないことが判明した。設問は上、中の上、中の中、中の下、下に分けて、自分の階級を答えてもらったところ、中の中以上のトータルが日本七〇%に対し、サミット諸国で六〇—八〇%台、インド七一%、ブラジル七五%、フィリピン七五%、韓国六七%といずれも高率。生活環境や国民意識が異なるとはいえ、中流意識が世界的な傾向であることを示している。

また、現在の生活の幸福感について「とても幸せ」「かなり幸せ」の「ハッピー・ピープル」は、米、英、カナダ、豪などアングロサクソン系諸国で八〇—九〇%と高く、日本は五七%で韓国（三九%）に次ぐ低さ。このほか、「生活に満足している」「希望を持っている」のも日本は五割程度で他国よりずっと低い。

中道指向

政治態度について「政治社会はうまくいっている」（保守）「徐々に改良する必要がある」（漸進主義）「社会を完全に変える」（革新）と分けて聞いた。フィリピンとシンガポール（ともに保守一位）を除いては各国とも漸進主義が一位。日本の八四%がもっとも高く、カナダ（七二%）、米（七一%）、フランス（六七%）、韓国（六六%）の順。一方、革新は四一%のインドをトップにフランス（二六%）、韓国、英（二四%）など。日本の四%はシンガポール（二%）、西ドイツ（三%）に次いで少ない。

また、社会の関心度のうち、「自分と国家との関係」について「考えたことはない」と答えた日本の六二%は他国に比べてずば抜けて高かった。「深く考えたことがある」の五%も、米（五〇%）はもちろん、隣の韓国（二六%）に比較してずっと低く、職場や地域社会の関係についても日本人は深く考えない傾向がみられる、という。

金や名誉より

これからどんな人生を送りたいと望んでいるのか、「金持ちになる」「名をあげる」「趣味にあった暮らし」「清く正しく」など六項目から一つ選んでもらった。各国で最も多かったのは「趣味……」で、一位を占めたのが十三カ国のうち、日本をふくめて八カ国。インド、フィリピンは「金持ち……」、英、フランスは「清く……」がそれぞれ一位だった。

朝日新聞1980年1月1日

4　虚構としての「中流」

「中流」の実相

それでは「総中流」の主張が浸透し始めていた一九七〇年代、自分を「中」と考えていたのはどのような人々だったのだろうか。一九七五年のＳＳＭ調査データを用いてみていくことにしよう。

階層帰属意識に関する設問は、次のようなものである。「国民生活に関する世論調査」とは違って、「生活程度」という限定がなく、また選択肢も「中」と「下」がそれぞれ上と下の二つに分けられている。同時に分布も示しておく。

問．かりに現代の日本の社会全体を、この表にかいてあるように5つの層に分けるとすれば、あなた自身は、このどれに入ると思いますか。

1. 上　一・二％
2. 中の上　二三・四％
3. 中の下　五三・〇％
4. 下の上　一六・七％
5. 下の下　三・九％
無回答　一・八％

「中の上」「中の下」を合算した「中」合計は、七六・四％である。「上」という回答がごくわずかしかないのは「国民生活に関する世論調査」と同じだが、「下」が二つに分けられているので「下の上」が選ばれやすかったらしく、その分だけ「中」が少なくなっている。

しかし、これまで何度も指摘されてきたことなのだが、この設問への回答は、職業や収入、学歴など、人々の現実の社会的地位との関連が強くない。図表1－2は、そのようすをみたものである（煩雑になるので「無回答」は集計に含めていない）。

たしかに大卒程度の学歴をもつ人は「中の上」が三五・七％と多く、中卒程度の人をかなり上回っている。しかし「中の下」の比率は学歴による差がほとんどなく、「中」の合計は中卒程度の人でも七割を超えていて、大卒程度の人との差は約一六％にとどまっている。職業による差はさらに小さく、「中」合計の差は、最大でも一一％程度に過ぎない。世帯年収による差はやや大きいが、やはり「中の下」と答える人の比率はどれも似通っていて、「中」合計の差は二割を少し上回る程度である。調査当時から多くの研究者が、社会的地位の違いにもかかわらず「中」が大多数になってしまう理由について解明を試みてきたが、結局のところ決定的な結論は出なかった。やや有力だったのは、自分のくらし向きを「ふつう」と考える人が自分を「中」と考える傾向があるという、直井道子の「くらしむき仮説」だが、これはほとんど「自分の暮らしを『中ぐらい』と考える人が自分を『中』と考える」という同語反復に過ぎない。

下の下	「中」合計
1.8%	89.5%
3.2%	77.4%
5.6%	73.1%
2.3%	84.3%
2.8%	78.9%
5.0%	73.0%
4.2%	77.4%
9.3%	68.1%
3.8%	73.3%
1.5%	82.3%
2.1%	90.1%
4.0%	77.8%

実はSSM調査では、先の設問に続いて、階級帰属意識に関するもうひとつの設問がおかれていた。それは次のように、自分の所属する階級を「労働者階級」「中産階級」「資本家階級」の

図表1-2　各種属性別にみた階層帰属意識

		上	中の上	中の下	下の上
学歴	大卒程度	0.8%	35.7%	53.8%	7.9%
	高卒程度	1.3%	22.3%	55.1%	18.1%
	中卒程度	1.3%	20.1%	53.0%	20.1%
職業	専門・管理・事務	1.3%	31.1%	53.2%	12.1%
	販売・サービス	1.0%	25.4%	53.5%	17.3%
	マニュアル	1.2%	17.3%	55.7%	20.8%
	農林漁業	1.3%	24.1%	53.3%	17.0%
世帯年収	175万円未満	1.4%	14.9%	53.2%	21.2%
	175-275万円未満	1.2%	20.4%	52.9%	21.6%
	275-425万円未満	0.8%	25.5%	56.8%	15.4%
	425万円以上	1.6%	40.5%	49.6%	6.1%
全体		1.2%	23.8%	54.0%	17.0%

出典）1975年SSM調査データより算出。

三つから選択させるものである。

問　それでは、かりに現在の日本社会全体をこの表にある3つの階級に分けるとすれば、あなた自身は、どれに属するとお考えですか。

1. 労働者階級　六九・六％
2. 中産階級　二二・九％
3. 資本家階級　五・一％

無回答　二・三％

「階級」などという堅い用語をストレートに用いていて、回答者が理解できたのかと思われるかもしれないが、無回答

図表1-3　各種属性別にみた階層帰属意識

		労働者階級	中産階級	資本家階級
学歴	大卒程度	53.6%	41.7%	4.6%
	高卒程度	73.2%	21.8%	5.0%
	中卒程度	77.0%	17.3%	5.8%
職業	専門・管理・事務	60.8%	33.6%	5.5%
	販売・サービス	63.7%	30.8%	5.5%
	マニュアル	83.5%	11.5%	5.0%
	農林漁業	73.6%	19.7%	6.7%
世帯年収	175万円未満	81.3%	13.8%	4.9%
	175-275万円未満	79.1%	17.2%	3.7%
	275-425万円未満	66.4%	27.9%	5.7%
	425万円以上	51.9%	39.8%	8.3%
階層帰属意識	上	53.1%	15.6%	31.3%
	中の上	50.6%	41.8%	7.7%
	中の下	74.2%	21.7%	4.1%
	下の上	87.8%	8.2%	4.0%
	下の下	85.4%	8.7%	5.8%
全体		71.3%	23.5%	5.3%

出典）1975年SSM調査データより算出。

の比率は二・三％に過ぎず、先の設問とほとんど変わらない。そして七割近くが「労働者階級」を選択していて、「中産階級」は二割強に過ぎない。もちろん「中流」と「中産」ではニュアンスが異なり、後者は「中ぐらいの生活程度」に加えて「中ぐらいの財産」という条件が加わるようにも受け取れるから、単純な比較はできない。しかし経済企画庁の官僚や村上などが「九割が中流」と喧伝していた時代、自分を「中産階級」と考える人は二割強しかおらず、七割の人々は自分を「労働者階級」と考えていたという事実は、注目に値する。

先と同様に、これを基本属性別に集計したのが、図表1－3である（やはり「無回答」は集計に含めていない）。

実は異質な「中の上」と「中の下」

注目していいのは、「中産階級」の比率が、属性によって二倍から三倍も異なることである。大卒程度の学歴をもつ人では四一・七％なのに、中卒程度の人では半分以下の一七・三％。専門・管理・事務職では三三・六％なのに、マニュアル職では約三分の一の一一・五％。世帯年収一七五万円未満では一三・八％なのに、四二五万円以上では約三倍の三九・八％となっている。「資本家階級」という回答は数％しかないので、「中産階級」という回答の多い人々では、ほぼその分だけ「労働者階級」という回答が少なくなっている。

表のいちばん下には、階層帰属意識と階級帰属意識の関係を示しておいた。自分を「上」「中の上」と考える人では、自分を「労働者階級」と考える人の比率が五割程度にとどまり、「上」では「資本家階級」、「中の上」では「中産階級」という回答が多くなっている。これに対して自分を「中の下」以下と考える人では、「労働者階級」という回答が圧倒的に多い。「中の上」と「中の下」では階級帰属意識がかなり異なるのに、階層帰属意識では、両者が「中」とひとまとまりとされてしまうのである。

以上からわかることは、「上」から「下の下」までの一次元的な尺度で人々の意識をとらえようとするこの設問は、少なくともこの時点では、ギャラップの設問と同様に、人々の意識をとらえ損なっていたらしいということである。

なお私はここで、「少なくともこの時点では」と限定を付けた。その理由は、近年ではこの一次元尺度の有効性がいくぶん高まっているように思われるからなのだが、これについては第3章で論じることにしたい。

5　正当化の論理としての「総中流」

一九七〇年代は格差の曲がり角

いまから考えれば、『国民生活白書』が日本を豊かで平等な国だと断じ、村上がブルーカラーとホワイトカラー、都市に住む人々と農村に住む人々が、みんな「新中間階層」になったと論じていたこの時期は、「格差」という観点からみると戦後日本の曲がり角にあたっていた。というのはちょうどこの時期、格差が縮小から拡大へと転じつつあったからである。

図表1－4をご覧いただきたい。これは一九五〇年から二〇一五年（ジニ係数は二〇一六年）までの間の、経済格差の趨勢《すうせい》をみたものである。指標は、全体的な所得格差の大きさを示すジニ係数、規模別賃金格差、産業別賃金格差、男女間賃金格差である。ジニ係数は給与所得、事業所得などの合計を示す当初所得と、税引き後・社会保障給付後の再分配所得の二つ、規模別賃金格差は途中で統計の取り方が変わったため二種類の数値を示した。

図表1-4　戦後日本における格差のメガトレンド

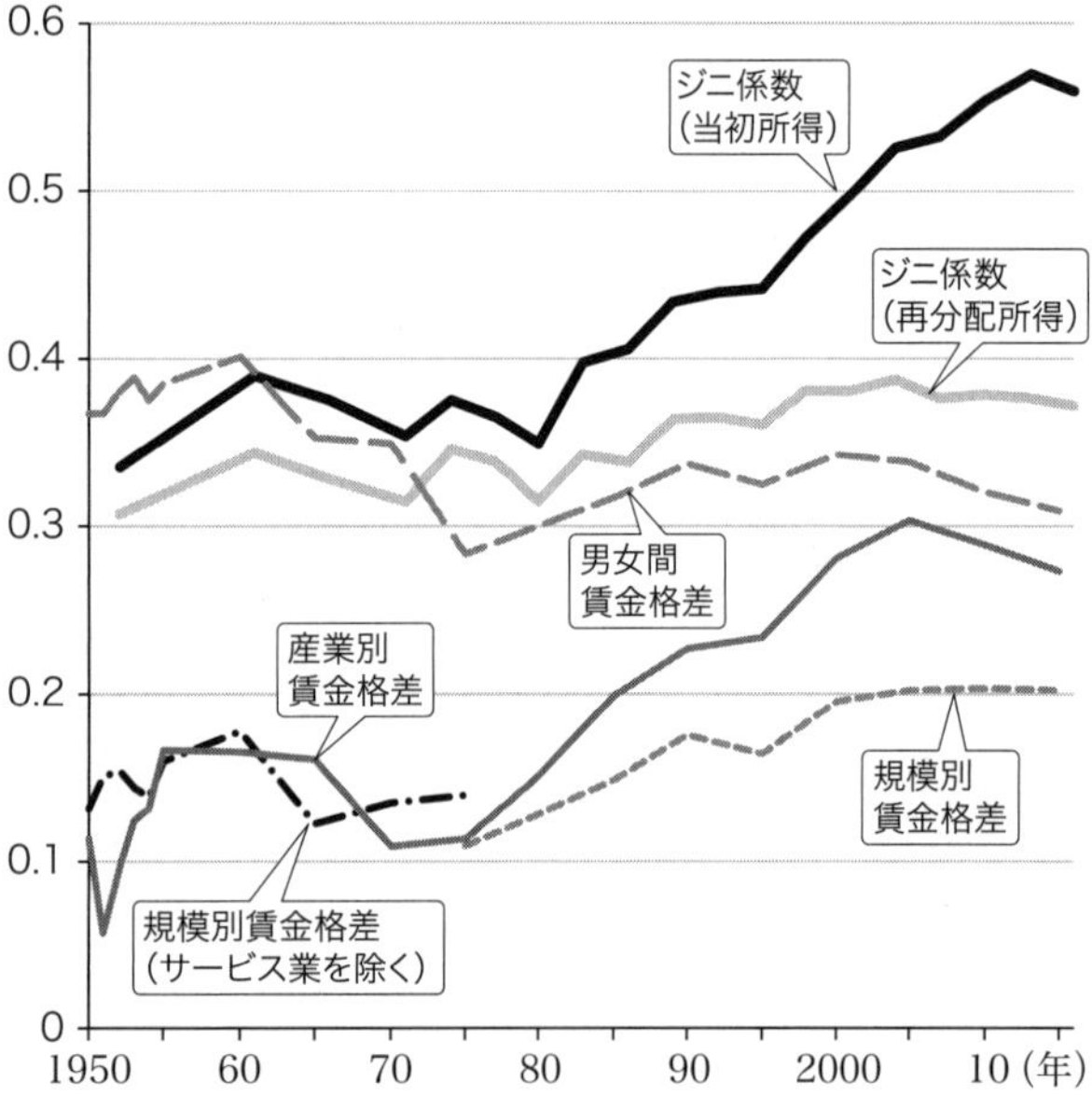

出典）ジニ係数は「所得再分配調査」による。

注）規模別賃金格差は、500人以上と30-99人の差で、それぞれの月間給与総額の差を同じく和で除した指数。すべての時期で1000人以上の賃金は30-99人の賃金を上回っている。1970年まではサービス業を除く。1971-1982年は製造業のみ。対象は常用労働者。原資料は「毎月勤労統計調査」。産業別賃金格差は卸売小売業と金融保険業の差で、それぞれの月間給与総額の差を同じく和で除した指数。なお、すべての時期で金融保険業の賃金は卸売小売業を上回り、また1970年以降は、全産業中で金融保険業が最高、卸売小売業が最低となっている。原資料は「毎月勤労統計調査」。

男女別賃金格差は、それぞれの月間給与総額の年平均の差を同じく和で除した指数。すべての時期で男性の賃金は女性を上回っている。対象は30人以上の常用労働者。原資料は「毎月勤労統計調査」。

ジニ係数は高度経済成長期に低下し、一九七〇年代にやや不規則な動きを示したあと一九八〇年に底に達し、以後は急速に上昇していく。他の指標も、基本的なトレンドは似ている。規模別賃金格差は指標が二種類あるので、底に達した時期を特定しにくいが、一九七五年以降は拡大しているとみてよい。産業別賃金格差は、一九七〇年代前半に底に達したあと、拡大に転じている。男女間賃金格差は、一九七五年に底に達したあと、やはり拡大に転じている。以後はすべての指標が一斉に急上昇を続けたあと、近年は男女別賃金格差だけが明らかな縮小傾向を示し、他はわずかに縮小、あるいは高止まりの状態にある。

これに対して、格差拡大が話題になり始めるのは一九九〇年代末、「格差社会」が流行語になって格差拡大の事実が広く知られるようになるのは二〇〇〇年代半ばのことだから、格差拡大が始まってから二〇年から三〇年後ということになる。これほど長い間、格差拡大は話題になることもなく放置されていたのである。

北山愛郎の慧眼

格差について長年にわたって研究を続けてきた者としては、もう少し早く格差拡大の事実を世に知らしめることができなかったのかと、内心忸怩《じくじ》たるものがある。そのこともあって、過去の資料をいろいろ調べながら、高度経済成長が終わって以降の格差拡大を、はじめて指摘したのは誰かというのを、ずっと気にかけていた。そして最近になって、最初と思われる人物を発見した。それは、野党第一党だった日本社会党で、政策審議会会長や副委員長などを歴任した北山愛郎《あいろう》である。岩手県花巻市出身で、東大卒。東京市役所に入ったあと、中国に渡って敗戦を迎え、花巻町長を経て一九五三年、左派社会党（当時）から衆院選に出馬して当選し、一九八三年に落選して議員を引退するまで当選一〇回。社会主義理論、そして財政と農政に詳しく、社会党左派に大きな影響力をもった。中国の人民服のような服を着ている写真が何枚か残っているが、本人によるとこれは人民服を模したものではなく、戦時中の日本の国民服と同様のものを仕立ててもらって着ていたのだという。[*13]

一九七七年一一月一日の衆議院決算委員会の席上で、北山は二週間ほど前に公表された『国民生活白書』を痛烈に批判した。批判の論点は、次のようなものだった。[*14]

（1）一九六〇年からの一五年間の動きだけをみれば豊かになり、格差が縮まったようにみえるかもしれないが、高度成長が終わった一九七四年から三年間の変化をみれば、自由業や経営者、財産収入のある無職の所得が増えているのに対し、勤労者（被雇用者）の所得はほとんど伸びていない。業種別や規模別の賃金をみても、この三年間は格差が拡大している。にもかかわらず一五年間の変化をみて「日本ぐらい平等化している国はないような礼賛」をしたり、「天下太平みたいなことを、みんな中流階級になって平等化されてというようなこと」をうたうのは、おかしいのではないか。

（2）中流とはいったい何か。経済企画庁として「中流」とはどういうものであるかについて、どのように考えているのか。意識と現実は離れているものであって、このような聞き方をされれば、現実がどうであるかにかかわらず、私は貧乏ですなどというふうには答えない。中流ならこの程度の生活だという客観的な物差しがあって、これにもとづいて調査するなら話はわかるが、これでは価値のある情報とはいえないのではないか。

衆院本会議の代表質問に国民服姿で演壇に立つ社会党の北山愛郎＝朝日新聞1971年7月19日

現時点からみると、これは驚くほ

ど先駆的な指摘である。経済企画庁長官と担当政府委員が、「短期と長期」は分けて分析をしている、これは「あくまで意識の面」の問題であり、他方では「取り残された層」にも配慮しなければならないとも指摘しており、「万事めでたし」と考えているわけではないなどと、逃げの答弁に終始したのも当然である。

驚くほど先駆的というのは、もちろん、これがおそらく、高度経済成長の終焉とともに格差拡大が始まったことについての最初の指摘と考えられるからだが、それだけではない。(2)の指摘のうち、人は「私は貧乏です」などとは答えない、という部分は、先ほど紹介したセンタースの批判にも通じる部分があるし、中流が多いかどうかという問いは、中流の生活程度とはどのようなものかという基準があってはじめて意味をもつという指摘は、「総中流」論に対するその後の多くの批判、たとえば経済学者の岸本重陳[15]や、社会学者の濱嶋朗[16]らの主張に通ずるものがある。

さらに北山は、一九八一年に『日本経済と国民のくらし』という書を著し、次のように主張した。急速に経済が成長した一九六〇年代には、たしかに格差が縮小した時期があり、賃金の規模別・学歴別・年齢別の格差が縮小した。しかし七〇年代に入ると低所得層の賃上げが鈍り、一九七三年の石油ショック以後は、格差が開く方向へと流れが変わった。国際比較からみても、日本は欧米諸国に比べて労働分配率が低く、規模別賃金格差が大きい。インフレと地価高騰により、資産格差も拡大している。このように「わが国が先進諸国に比べて、『平準化』が進んでいるという説は実証的な裏付けを欠いており、むしろ経済の高度成長がストップし、不況が進行するにつれて、激しい競争によってむしろ格差が拡大する傾向にある」というのである。

専門の研究者なら、数年間ほどにわたって格差が拡大したくらいで、これまでの格差縮小傾向が転換したとまで断言することはないだろう。野党政治家だからこそ、このように主張できた面もあろうが、結果的には北山の主張はまったく正しかったというほかはない。

支配を正当化するために「九割中流」論を利用

しかし政府は「九割中流」論を、自らの政策を正当化するのに利用した。その最初のものではないかと思われるのは、一九七八年一〇月二日の衆議院予算委員会における、福田赳夫《たけお》総理大臣（当時）の答弁である。

質問に立ったのは、野党第一党だった日本社会党で副委員長や代議士会会長などを歴任した武藤山治《さんじ》だった。エルンスト・シューマッハーの『スモール・イズ・ビューティフル』

を引きながら、効率追求の一点張りから「効率アンド公正」へと政策を転換すべきだ、効率と公正が車の両輪にならないと、経済は弱いものいじめになると、舌鋒《ぜっぽう》鋭く迫った武藤への回答がこれだった。

先進諸国の中では、武藤さん、わが国は、中流というか、中産階級が最も多い国ですよ。これはOECDの調査でもそう言っておる。それから昨年、総理府が世論調査をしている。そうしますと、中流意識と言う人がだんだんふえていく。そうして昨年の調査では実に九〇％が、中流意識である、こういうふうに答えておるわけでありまして、まあ富の公平なる配分というか、そういう形の政治は、わが日本においては先進諸国の中では一番進んでおるんじゃあるまいか、私はそういうふうに思うわけです。

福田の答弁には、明らかな事実誤認がある。一九七七年の『国民経済白書』を念頭においた答弁だが、そこで引用されていたのはOECDによる先進国のジニ係数の比較であり、ここから日本は米国、西ドイツ、フランスに比べて経済格差が小さいと述べられていたに過ぎない。中産階級の比率に関する国際比較調査が行われたわけではなく、自分の生活程度を「中の上」「中の中」「中の下」のいずれかと回答する人が九〇%に達していたということに過ぎない。

しかし、ここにみられる福田の誇らしげな態度はどうだろう。自分を「中」と答える人が多い＝日本には中流階級が多い＝日本では富が公平に配分されている＝日本の政治は進んでいる、という論法で、自らの政策を自画自賛してみせる。この姿勢は、「国民の中流意識は根強く続いている」(衆議院本会議、二〇一五年二月一六日)として、格差拡大の事実を否定する安倍晋三首相にまで継承され続けている。

同じようなことは、階級社会とみなされることの多い英国にもみられる。アンドリュー・アドニスとスティーブン・ポラードは『ア・クラス・アクト——無階級社会英国という神話』という著書[*17]で、「英国は無階級社会になった」という考えが流行していると指摘し、さまざまな事実からこうした言説の誤りを指摘している。「ア・クラス・アクト(A Class Act)」というのは、「傑出した仕事・人物」という意味だが、ここではおそらく「英国にはひとつの階級しかないと定めた法律」という意味を込めているのだろう。各章の扉には、英国の政治家や王室関係者、各界リーダーや知識人などによる、階級に関する発言が引用されている。たとえば、次のようなものである。

「私たちは絶えず、英国には厳しい階級構造があると聞かされてきた。これはたわ言の最たるものだ。多くの場合、私たちにはかつてないほど、望むことは何でもできる機会がある。」

エドワード王子、一九九六年四月

支配者というものは、階級の存在を否定し、格差を過小評価する。それは、自らの支配を正当化するためである。

6 「総中流」はなぜ受け入れられたのか

「中流」＝良きもの？

これまでにわかったことをまとめておこう。

（1）自国の国民の大部分が「中流」であり、階級は存在しないという言説は、一九四〇年ごろの米国から始まったのであり、日本に固有のものではない。階級社会といわれる英国にも、同じような言説が広まっている。

（2）日本を「総中流」の社会だとする言説は、一九七〇年代初めに出現したが、それは次第にエスカレートし、格差の存在を否定し、日本社会の優位性を強調する言説へと成長していった。

（3）しかし「上」から「下」までの尺度で階層帰属意識を尋ねる設問は、多くの人々を「中」へと誘導するものであり、この設問を用いる限り、格差の大小にかかわらずどの国でも「中」が多くなる。したがって、ここから日本の大部分の人々が「中流」だとする結論を導くことはできない。

（4）しかも日本は「総中流」だとする言説が広まったころには、すでに格差拡大は始まっていた。にもかかわらず与党の政治家たちは、こうした事実を無視し、多くの人々が自分は「中」だと回答していることを、政府の政策を正当化するのに利用してきた。それは今日でも続いている。

しかし、このように根拠薄弱で政治的にも有害な「総中流」論が広まったことには、それなりの理由があるように思われる。

それはおそらく、「中流」という言葉に「良きもの」「望ましいもの」「人の理想的なあり方」というイメージがつきまとい、したがって人々が、「総中流」の社会こそ理想的な社会のあり方だ、と考えやすいことだろう。

このような「中流」のイメージは、どのようにして生まれたのだろうか。少し歴史をさかのぼってみたい。

第2章

理想としての「中流」

1　ロビンソン・クルーソーの父親の教え

『ロビンソン・クルーソー』は「中流」の原型

「中流」というものについて考える格好の材料となるのが、一七一九年に出版されたダニエル・デフォーの冒険小説『ロビンソン・クルーソー』である。というのは、この作品はその全体が、当時の英国における中流階級の人々の生活と意識を描いたものであり、これが現代まで続く中流階級イメージの、ひとつの原型ともいうべきものになっているからである。

このことが直接に、もっともはっきり現れているのは、物語の冒頭の部分である。ロビンソンのひとり語りによれば、彼は一六三二年、ヨーク市の良家の三男として生まれた。長兄は若気の至りから軍隊に飛び込んで戦死し、次兄は行方不明。そして本人は、船乗りになって世界を回ろうと考えている。まっとうな人生を歩ませたいと考える父親は、ロビンソンに言い聞かせる。原文はかなり長いので、一部要約しよう。[*1]

一旗揚げようと危険を冒して外国へ行こうなどというのは、よほど暮らしに困った者か、よほど暮らしに恵まれた者のすることであって、お前の境遇はそこまで下でもなければ上でもない。その中間であって、上流の庶民のようなものだ。そしてこれこそがこの世でいちばん望ましい身の上なのである。

つまり中流こそが、いちばん望ましいというのだが、父親はその理由をこう説明する。労働者や職工のように貧苦や労苦にさらされることもなければ、上流の人々のように体面や贅沢、野心や嫉妬に悩まされることもない。上流の人も下流の人も人生の苦悩を抱えているが、中流には災いが少なく、心身ともに不調や不安が少ない。中ぐらいの生活をしていれば、あらゆる美徳と喜びを得られる。中ぐらいの暮らしには、節度、中庸、平穏、健康、社交、心地よい気晴らしや望ましい娯楽などのすべてが約束されている。こうして人は、穏やかにつつがなくこの世を渡り、人生を送ることができるのだ。

まさに中流讃歌である。ちなみに「中流」の原文には、〝middle station〟や〝middle station of life〟が用いられている。

このように「中流」こそが人間の望ましいあり方だという発想は、かなりありふれたものだといっていいだろう。古いところでは古代ギリシャの哲学者アリストテレスが、「人間は政治的動物である」と規定したことで知られる著書『政治学』で、次のように論じている。まず彼は、自らの著作『ニコマコス倫理学』を受けて、徳とは中間であり、最善の生活は中間の生活である、とする。そして、次のようにいう。

ところでどの国々においても、国の三つの部分、すなわち非常に富裕な人々と非常に貧乏な人々と第三にはこれら両方の中間の人々とがある。従って、適度なものと中間的なものとが最善であるということが一般に認められているのであるから、幸運の賜物にしてもその中間的な所有が何ものにもまして最善であるということは明らかである。何故ならその程度の所有は理性に最もたやすく従うが、過度の美しさとか、過度の強さとか過度の善き生まれとか過度の富とか、あるいはそれらと反対に、過度の貧しさとか過度の弱さとか非常な賤しい地位とかをもつ者は、なかなか理性についていきにくいからである。その証拠には、前者は傲慢な者や大がかりな悪者になるのが一層多いのに反し、後者は無頼の徒やちっぽけな犯罪を犯す者となるのが余りにも多く、そして不正事の或るものは傲慢によって、或るものは無頼によって生じるのである。[*2]

「中流」の始祖――イングランドの人々

しかし、デフォーは近代初期の知識人であり、経済に関する著作が多く、政治活動にも関わった人物である。ここでロビンソンの父親に語らせている「中流」は、当然、アリストテレスがいうような抽象的かつ一般的な「中間」ではなく、当時の経済社会のなかに一定の位置を有していた人々のことだろう。それは、具体的にどのような人々なのだろうか。日本における欧州経済史研究の先駆者である大塚久雄は、次のように説明している。*3

無人島に漂着し、助かったと安堵したロビンソンは、座礁した船のところまで行って、食料や衣類、道具、武器などの物資を運び出し、生活するための準備を整える。住居を作り、住居のまわりを木立で囲み、仕事場を作り、いろいろなものを生産し始める。さらに柵を作って土地を囲い込み、このような囲い込み地をいくつも作り、小麦畑にしたり、野生の山羊を捕まえてきて牧場にしたりする。このような囲い込み地のことを、英語でエンクロージャーという。そして大塚によると、このように土地を囲い込んで生産活動を行うことは、当時のイングランド人の生活の顕著な特徴だった。

ここでいうエンクロージャーとは、領主や富農が大規模な牧場や農場を作るために、農民から土地を取り上げて追い出し、このために多数の流民や貧民を作り出したエンクロージャー運動のことではない。農耕のため、さらには農村工業のために作られた小規模なエンクロージャーである。作ったのは中小の生産者たちで、エンクロージャーの大きさは一エーカーから数エーカー、つまり〇・四ヘクタールから三ヘクタール程度だったという。のちにはこれらの人々が、労働者を雇って農村工業を営むようになり、ここから近代産業が成長していった。大塚が「中産的生産者層」と呼ぶこれらの人々こそが、この時期のイングランドに生まれた「中流」の人々なのである。

大塚によると作者のデフォーは、英国では他の国に比べて、中産的生産者層が非常に繁栄しており、これらの人々こそが英国の国富をその双肩に担う中堅なのだと考えていた。そして『ロビンソン・クルーソー』は、無人島という極端な状況を背景として、中産的生産者の理念像を、ひいては英国人の理想像を描いたものだった。

それではロビンソンは、いかなる意味で「中流」の理念像だといえるのだろうか。大塚の表現を借りれば、それは「ロビンソンのなかには近代の合理的な産業経営を可能にするような経営者と労働者、そういう二つの資質が一つに結びついて共存している」からである。『ロビンソン・クルーソー』には、このような「ひとり企業家」的なロビンソンの行動が、事細かに描かれている。

ロビンソンは、難破船のなかからパンや米、チーズ、干し肉、鶏の餌用の穀物などを持ち出して、生活を始めた。穀物はほとんどネズミに食い荒らされていたので、住居近くの岩壁の下に捨てたのだが、しばらくするとここから大麦と米が生えて、穂を出した。ロビンソンは驚き、神に感謝した。もちろん彼は、ここから実ったわずかな量の大麦や米を食べてしまったりはしない。二〇本ほどの大麦と三〇本ほどの稲の穂を大切にとっておき、地面を耕して二つの区画に分け、蒔《ま》くことにした。しかし、蒔き時がわからない。そこで安全のため、最初は三分の二ほどだけを蒔いたが、雨が降らず乾燥しすぎたために芽を出さなかった。

そこで彼は、より湿った土地を探して耕した。このころまでには、定期的に訪れる雨季と乾季のタイミングがわかってきていたので、雨季の少し前に蒔くことにした。幸いにも順調に育ち、合わせて〇・五ペック（約四・五リットル）ほどの大麦と米を収穫できた。こうして種まきの時期と育て方を習得し、さらに種まきと収穫が年二回ずつできることもわかった。収穫した大麦と米は、すべて蒔くことにした。

そこに、新たな敵がやってくる。山羊と野兎が、穀物の苗を食べてしまうのである。そこでロビンソンは、畑のまわりに垣根をめぐらすことにする。垣根は三週間ほどでできあがり、苗はすくすくと育つのだが、今度は実を狙って鳥がやってくる。そこでロビンソンは、銃で鳥を三羽しとめ、これを案山子《かかし》かわりに畑に吊《つる》しておいた。効果はてきめんで、鳥はばったり来なくなり、二・五ブッシェル（約九〇リットル）の大麦と二ブッシェルほどの米を収穫できた。

しかしロビンソンは、やはりこれをとっておくこととし、次の種まきと、収穫後のパン作りの準備に取りかかる。このために、まずは広い面積を耕せるように鋤《すき》を作り、畑を耕して垣根で囲んだ。粘土をこねて焼いて器を作り、さらに穀物を搗《つ》くための石臼《いしうす》と、粉をとるための篩《ふるい》を作った。そしてしまいには、パン焼き窯《がま》までを自作する。

みごとなまでの構想力、計画性、そして実行力である。こうしてロビンソンは、「世界一のパン焼き窯で焼いたのと変わらぬほどみごとに大麦のパンを焼いたばかりか、まもなく優秀な焼菓子職人にもなった」のである。四年後には、ひとりでは消費しきれないほどの大麦と米を収穫できるようになる。

こうするうちに、ロビンソンは自らの幸せを身にしみて実感するようになる。島に漂着して、ちょうど二年目のことである。記念日には断食をすることとしていた。救助される見込みは、漂着したときから少しも増えていなかったが、ロビンソンはこの一日を敬虔《けいけん》な感謝のうちに過ごした。

このとき初めてわたしは、今の自分が送っているこの暮らしの方が、過去の自分が送っていた放埓《ほうらつ》で罰あたりな忌まわしい暮らしよりも、さまざまな点でみすぼらしくはあれ、はるかに幸せなのだということを、はっきりと感じはじめた。

2　二つの「中流」

近代社会の階級構造とは

もちろんロビンソンのような、つまり大塚が「中産的生産者層」と呼んだような「中流」は、現代の中流と同じではない。どう違うか。この点を理解するためには、近代社会の階級構造がどのようなものであるかについて、確認しておく必要がある。

現代社会において、「中産的生産者層」にもっとも近いのは、独立自営で家業を営む農民や商工業者だろう。それでは、これら独立自営の人々は、どのようにして生まれたのか。それは、封建制が崩壊することによってである。ここで封建制というのは、前近代の封建社会の経済構造のこと、つまり封建的生産様式のことである。

図表2－1は、封建的生産様式のしくみを図式化したものである。支配階級は領主、被支配階級は農民と手工業者等である。農民と手工業者等は、それぞれに土地、そして道具や原料などの生産手段を所有しているのだが、その土地所有権には限界がある。というの

図表2-1　封建的生産様式のしくみ

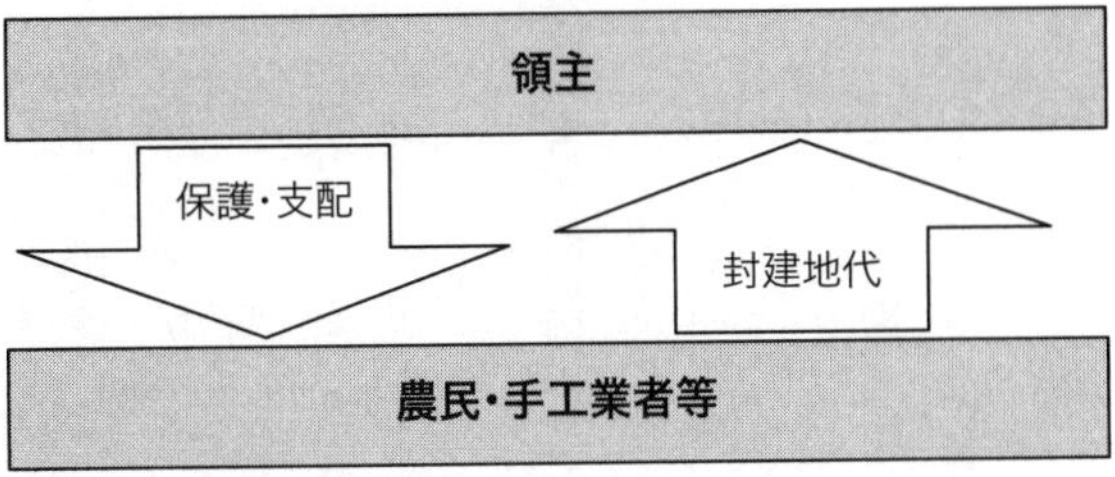

は、領主も土地に対する所有権を行使するからである。このように土地所有権が二重になっているところに封建制の特徴がある。この所有権のしくみは、一般に領主が上級の所有権、農民や手工業者等が下級の所有権をもっていると説明されることが多く、このような二重構造の所有権のことを分割所有権と呼ぶ[*4]。

そこで領主は、上級所有権を根拠に農民と手工業者等に対して支配力を行使し、地代を徴収する。この地代のことを、封建地代という。封建地代には、三つの形態があった。一つ目は、ヨーロッパの初期の荘園で典型的にみられた賦《ふ》役《えき》労働である。これは農民が一週間のうちの一定期間、領主の直営地に赴いて領主のための無償労働に従事するというもので、労働地代とも呼ばれる。二つ目は、農民や手工業者等が、生産物のうち一定割合を領主に納めるというもので、これを生産物地代という。そして三つ目は、生産物ではなく、その価格にあたる貨幣によって納めるもので、これを貨幣地代という。

これら封建地代の三つの形態は、歴史的にこの順序で現れたが、第三段階の貨幣地代は、すでに商品の流通が盛んになった段階で現れるものであり、この段階になると農民や手工業者等は、すでに独立した商品生産者に近い存在になっている。ここで封建制が廃止されて領主が消滅すると、農民や手工業者等は、自由な立場で独立自営の事業を営むひとつの階級となる。これが現代の旧中間階級のルーツである。

中産的生産者層の両極分解

しかしこれら独立自営で事業を営む人々、とりわけ手工業者の間には、競争を通じて貧富の差が形成され、困窮した手工業者は、豊かになった手工業者によって賃金労働者として雇用されるようになっていく。豊かな手工業者は賃金労働者を雇用しながら経営を拡大していき、賃金労働者はますます増加していく。大塚は、このようにして生じた「中産的生産者層の両極分解」から、資本主義が生まれていったと考えた。

この「中産的生産者層の両極分解」が、資本主義を生み出した主要なメカニズムだったといえるかどうかについては異論もあるが、独立自営の人々が両極分解していったということ自体は、間違いのない歴史的事実である。とはいえ、独立自営の人々が完全に消滅するわけではない。資本主義が発達しても、分解の危機にさらされながら、長期にわたって存続し続ける。これが現代の旧中間階級である。これらの人々は、雇用関係を結ぶことなく、資本主義から一歩離れたところで、独立して商品生産を行っているのであり、その生産活動のあり方を、資本主義と区別して単純商品生産と呼ぶことがある。

しかし現代に生きる人々が「中流」という言葉を見て思い浮かべるのは、旧中間階級というよりは、大企業などの組織で働く専門職、管理職や事務職などであることの方が多いだろう。これらの人々は、どのようにして生まれたのか。

独立自営の人々が両極分解する過程で、多くの人々は生産手段を失い、生産手段は一部の人々のもとへ集中していくことになる。このように生産手段が一部の人々によって集中所有され、他の大多数の人々は生産手段を所有していないというところに、資本主義の最大の特徴がある。前者が資本家、後者が労働者で、それぞれをまとめて資本家階級、労働者階級と呼ぶ。

生産手段を所有しない労働者は、そのままでは働くことができないから、生計を立てられない。一方の資本家階級は、大量の生産手段を自分ひとりの力で活用することはできないから、人手を必要とする。そこで両者の間には、次のような交換関係が成立する。労働者階級は、生産活動に必要な肉体的・精神的な能力、つまり労働力を、資本家階級に提供する。資本家階級はその見返りとして、労働者階級に賃金を支払う。つまり資本主義社会では、労働力が金銭で売買される商品となっているのである。このような経済のしくみのことを、資本主義的生産様式という。

資本主義が生まれた最初のころならば、事業の規模が小さいから、資本家は自ら事業を企画・経営するだけではなく、労働者を募集し、雇った労働者に指示を与えて働かせ、商品を売ったり賃金を与えたりするといった一連の実務を担っていただろう。しかし資本主義の発達とともに、企業組織は大規模になり、資本家階級が自ら、このような実務をこなすことは難しくなる。そこでこれらの役割の一部は、被雇用者に委ねられるようになる。これらの被雇用者は、労働者階級と同様に労働力を販売して生計を立てる被雇用者でありながら、資本家階級がかつて担っていた役割の一部を代行している。この意味で中間階級ということができるのだが、旧中間階級とは反対に、資本主義の発達とともに新たに生まれた階級であることから、新中間階級と呼ばれるのである。

図表2-2　現代社会の階級構造

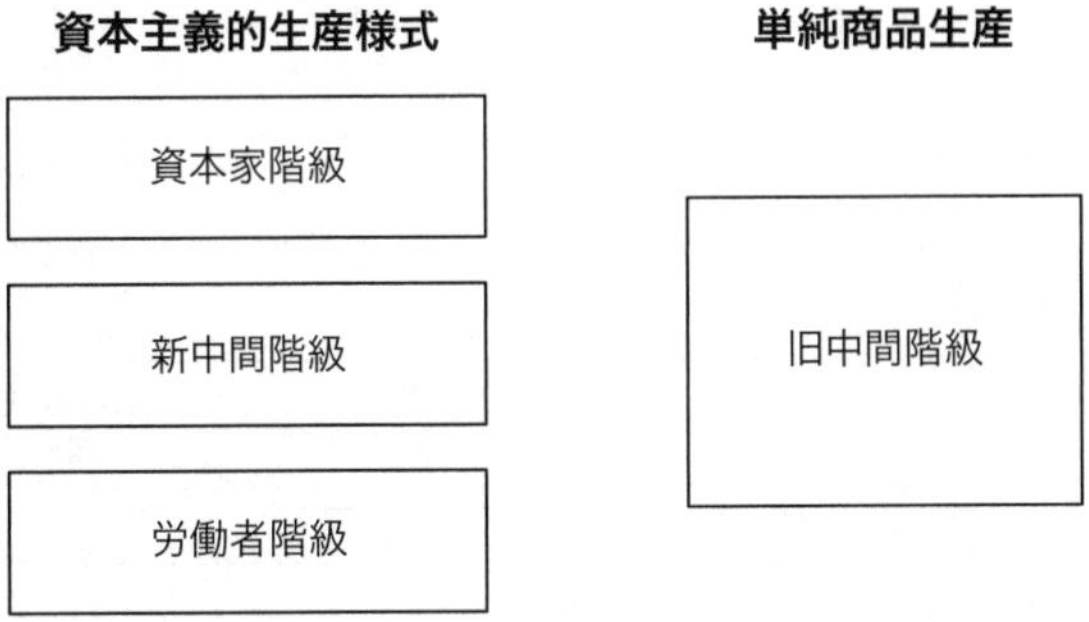

旧中間階級と新中間階級

だから「中流」には、大別して二つの類型があることになる。独立自営の旧中間階級と、もともとは資本家階級が担っていた職務の一部を担う被雇用者である新中間階級である。資本家階級、労働者階級とあわせて、その関係を図式化したのが、図表2−2である。資本主義経済の世界には、三つの階級が位置している。支配的な階級である資本家階級、従属階級である労働者階級、中間に位置する新中間階級である。そして資本主義の世界から一歩離れた単純商品生産の世界には、旧中間階級が位置している。これら四つの階級が、現代社会の主要な四つの階級である[*5]。

図表2−3は、一九九二年から二〇一七年までの、

図表2-3　現代日本の階級構成

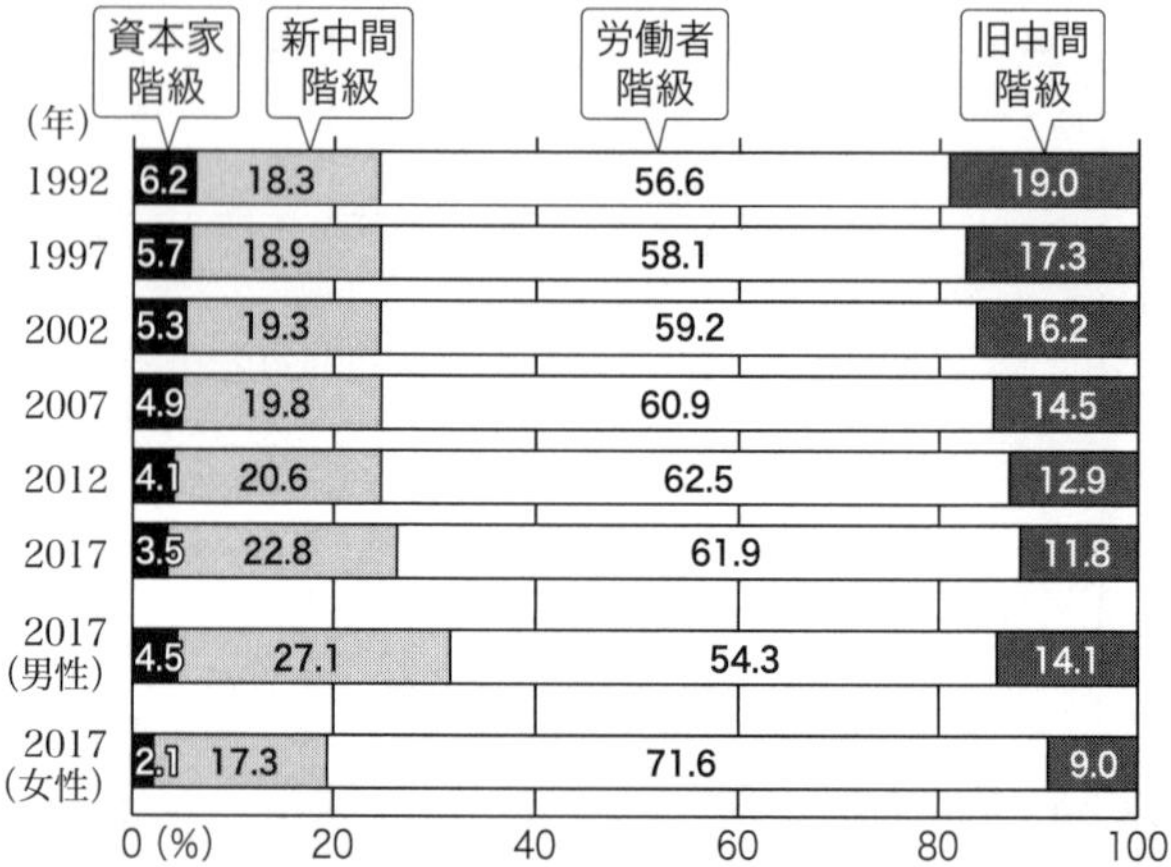

日本の階級構成、つまり全就業者に占める各階級の比率の変化をみたものである。一九九二年の段階では、新中間階級が一八・三%、旧中間階級が一九・〇%で、両者の合計は三七・二%だった。しかしその後、旧中間階級は、農業人口が減少したこと、商工業を営む自営業者が大企業などとの競争によって淘汰《とうた》されたことから減少し、二〇一七年には一一・八%となってしまった。新中間階級は二二・八%まで増加したが、旧中間階級の減少を埋め合わせるほどではなく、両者の合計は三四・六%にまで減少している。二〇一七年については男女別の構成も示しておいた。男性と女性の階級構成はかなり異なり、男性では管理職が多く、

図表2-4　4つの階級のプロフィール

	資本家階級	新中間階級	労働者階級	旧中間階級
個人の平均収入	604万円（従業員30人以上では861万円）	499万円	263万円	303万円
世帯の平均収入	1060万円（従業員30人以上では1244万円）	798万円	564万円	587万円
大卒者比率	42.3%	61.4%	28.0%	27.2%
自分は幸福だと考える人の比率	67.9%	64.1%	52.6%	53.4%
生活に満足している人の比率	45.1%	36.3%	32.1%	32.5%
自民党支持率	47.4%	27.5%	22.6%	35.5%

出典）2015年SSM調査データより算出。

注）「自分は幸福だと考える人の比率」は10点満点で7点以上の比率。

女性では単純事務職や非正規雇用が多いことから、男性では新中間階級、女性では労働者階級が多くなっている。

図表2－4は、四つの階級の収入や学歴など、基本的な特徴をみたものである。

個人収入は資本家階級がもっとも多く、労働者階級がもっとも少ない。資本家階級の個人収入が六〇四万円というのは少なすぎるようにもみえるが、これは夫婦が中心となって事業を営む零細企業で、妻は名目上は役員なのに、ほとんど報酬を受け取っていないというケースがかなりあるからで、世帯収入は一〇六〇万円に達している。また従業員が三〇人以上になると、個人収入八六一万円、世帯収入一二四四万円と、かなり多くなる。労働者階級の個人収入は二六三万円、世帯収入も五六四万円と少ない。ただし個人収入は、パート主婦などによって引き下げられている部分があり、正規労働者に限れば三七〇万円である。

収入と学歴は労働者階級に近い旧中間階級

「中流」の二つの階級は、いずれも資本家階級と労働者階級の中間に位置している。両者の収入を比べれば、新中間階級の方が明らかに多い。旧中間階級は労働者階級と大差がなく、とくに個人収入は三〇三万円で、正規労働者の個人収入を大きく下回っている。しかし、これは資本家階級と同様に、ほとんど無給の家族従業者が含まれるところによる部分が大きく、世帯収入は五八七万円とかなり多くなる。

大卒者比率は新中間階級が六一・四％でもっとも高いが、これは被雇用者が、大卒者であれば新中間階級、非大卒者であれば労働者階級に位置づけられやすいことを反映したものである。資本家階級は四二・三％とあまり高くはなく、旧中間階級は二七・二％と労働者階級と同程度にとどまっているが、これは家業を営むためには必ずしも学歴が必要とされないからである。

「自分は幸福だと考える人の比率」と「生活に満足している人の比率」は、収入の大きさとほぼ対応しており、資本家階級がもっとも高く、新中間階級がこれに次ぎ、労働者階級と旧中間階級は低い。とくに前者は、比率の高い資本家階級・新中間階級と、比率の低い労働者階級・旧中間階級の差が大きい。

自民党支持率は、資本家階級で高く、旧中間階級がこれに次ぎ、新中間階級と労働者階級では低い。これは自民党が、伝統的に経営者と自営業者を強固な支持基盤としてきたことを反映している。ただし旧中間階級の自民党支持率は、かつては資本家階級と同水準で、一九六五年から一九八五年には六割にも達していたから、かなり低下して資本家階級との異質性を強め、政治的には中間的な性質を示すようになったといってよい。

このように収入や学歴といった指標からみる限り、旧中間階級は新中間階級よりはむしろ労働者階級に近く、「中間」という性質を維持しているといえるかどうか、疑問に思われるところがないでもない。しかしその中間階級としての特徴は、労働のあり方をみれば明確になる。

3　働き方としての「中流」

異なる「中間」の意味

新中間階級は、文字通り資本家階級と労働者階級の中間に位置しているという意味で、中間階級である。これに対して旧中間階級は、中間に位置しているというのではなく、資本家階級と労働者階級の性質を併せもちながら、独立自営で商品生産を行っているという意味で、中間階級である。このように両者では、「中間」の意味が異なっている。このことは、両者の労働のあり方にはっきり現れる。

どの階級に所属するかによって、当然ながら仕事の性質、仕事のあり方は大きく変わる。これについては、米国の労働研究者であるハリー・ブレイヴァマンによる「構想と実行の分離」という図式に沿って考えるとわかりやすい。*6

ブレイヴァマンによると、もともと人間の労働は、労働それ自体すなわち「実行」と、実行に先立ち、これを導く「構想」から成り立っている。本能にしたがって行動する動物の場合には、構想と実行の区別はなく、両者は渾然《こんぜん》一体となっている（チンパンジーのように高度な知能をもつ類人猿の場合には区別があるのかもしれないが、ここではひとまず措《お》く）。しかし、構想と実行は分離可能である。彼によると、「いぜんとして構想は、実行に先立ち、実行を規制しなくてはならないが、しかし、ある者が構想した観念を他の者が実行に移すということは可能」だからである。こうして、一部の人たちだけが計画や決定、設計など構想に関わる労働を行い、他の人々は実行に関わる労働のみに従事するという構造が成立するのである。

それぞれの階級は、構想と実行という二種類の労働に対して、異なる位置にある。資本家階級と労働者階級は、構想と実行の分離を典型的に示す階級といっていいだろう。資本家階級は、企業規模によって違いはあるとしても、実行に関わる労働から解放され、ほぼ構想に関わる労働のみ、とくに経営全体を見渡すような高レベルの構想に関わる労働を担っている。そして労働者階級は、ほぼ実行に関わる労働のみを担っている。

疎外された労働に従事する労働者階級

このような労働のあり方の違いは、収入や生活水準と並んで、資本家階級と労働者階級のもっとも重要な違いである。というのは、これは労働に意味を感じることができるか、やりがいを感じることができるか、労働を通じて自己実現が可能かといったことに関わるからである。一般的にいえば、構想に関わる労働は、自らの意思を実現することのできるやりがいのある労働である。これに対して実行のみに関わる労働は、人の手足となって行う労働であり、労働それ自体に意味を感じることが難しい。マルクスはこのような労働を「疎外された労働」と呼んだ。つまり労働者階級は、疎外された労働に従事する階級なのである。

生産手段を所有する旧中間階級

それでは、中間階級はどうだろう。

自分で生産手段を所有し、これを自分の労働によって活用する旧中間階級は、文字通りに構想と実行の両方を担っているといってよい。まさに、「近代の合理的な産業経営を可能にするような経営者と労働者、そういう二つの資質が一つに結びついて共存している」のである。[*7] 無人島での生活にロビンソンが感じるようになった幸せは、このような労働によってもたらされたものであるはずだ。

労働疎外と無縁ではない新中間階級

これに対して新中間階級はどうか。その職種や職位によって違いはあるとしても、資本家階級の指揮の下、中間的もしくは些末《さまつ》なレベルの構想に関わる労働を、そして構想を実行に結びつけるための雑多な労働を、担っているといっていいだろう。たとえば、資本家階級の構想を実現するために必要な、さまざまな具体的条件を満たすためにはどうすればいいのかを「構想」することや、資本家階級の構想に沿って労働者階級を働かせることなど。つまり、構想のうちの低次の部分や、構想を実行へと結びつけるための雑多な労働が、その役割である。経営者と労働者の資質が結びつくなどという、中間階級の理想像とはほど遠い。構想と実行が統一されたロビンソンのような労働から、頭に当たる部分と手足にあたる部分を切り落とされた労働。これが新中間階級の労働である。

ブレイヴァマンによれば、新中間階級は「資本の特権と報酬から小さな分け前を受け取っているだけでなく、プロレタリア状態の標識をも帯びている」。そしてとくに事務労働者、下級技術者、看護師や教師、監督者・小管理者などは、「雇用された労働としての根本的な従属状態をますます自覚しつつある」という。*8 新中間階級は、労働疎外と無縁ではありえないのである。

二つの中間階級の大きな違い

このことは、新中間階級と旧中間階級の意識の違いに、如実に表れる。図表2－5は、四つの階級に属する人々に、自分の仕事について尋ねた結果である。

「自分の仕事の内容やペースを自分で決めることができる」は仕事の自由度、つまり自分の働き方を自分でコントロールできる程度についての質問である。結果は、自由度の高い資本家階級と旧中間階級、自由度の低い新中間階級と労働者階級とはっきり分かれた。資本家階級が旧中間階級に比べてやや低いのは、あまり自由のきかない下級役員を含むからだろう。新中間階級と労働者階級の間には、無視できる程度の違いしかない。

「職場全体の仕事のやり方に自分の意見を反映させることができる」は、職場でどの程度の権限を有しているかについての質問である。これもやはり、権限のある資本家階級と旧中間階級、権限の小さい新中間階級と労働者階級とはっきり分かれた。資本家階級が旧中間階級より低いのも同様である。新中間階級と労働者階級の差がやや開いているが、大差とはいえない。

図表2-5　階級別にみた労働のあり方

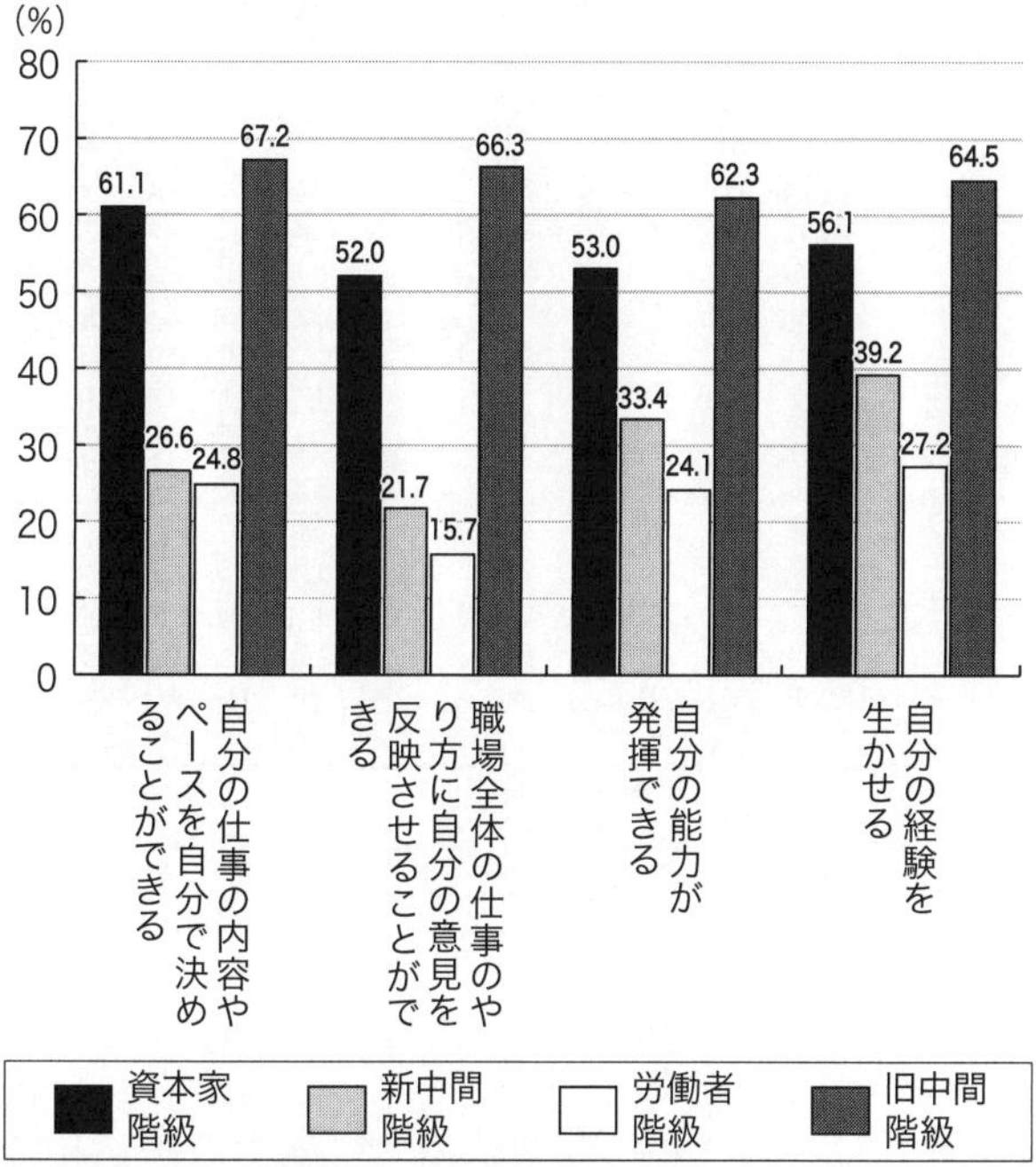

出典）2015年SSM調査データより算出。

注）「かなりあてはまる」と答えた人の比率。

「自分の能力が発揮できる」「自分の経験を生かせる」でも、やはり比率の高い資本家階級と旧中間階級、比率の低い新中間階級と労働者階級の違いが大きい。しかしここでは、新中間階級と労働者階級の差がやや大きく、実質的な違いがあるようにみえる。同じく被雇用者ではあっても、新中間階級は労働者階級に比べていくぶんかは能力を発揮する機会、経験を生かす機会があるようだ。これは新中間階級の労働が、労働者階級ほどまでには疎外された労働ではないことを示すものといっていい。とはいえ、新中間階級と資本家階級・旧中間階級の間の差は大きい。

つまりいずれの項目についてみても、生産手段の所有者であって被雇用者ではない資本家階級・旧中間階級と、被雇用者である新中間階級・労働者階級の間の差が大きい。所有者である前者は、労働のあり方を自分で決め、構想に関わる労働を担うことができるのに対して、非所有の被雇用者である後者はそうではない。そして構想に関わる労働を担うことができるからこそ、自分の能力を発揮することも、また経験を生かすこともできるのである。

4　目標としての「中流」

「中流」階級への移動を目指す

資本家階級は資本主義社会における支配階級であり、上層階級である。しかし、何人もの労働者を雇用するほどの規模の家業を継承できる幸運な人々は別として、そこに到達できる可能性は限られる。しかも高度経済成長を背景に、労働者から身を起こして独立し、企業経営者にまで上り詰める可能性がかなり広く開かれていた時代とは異なり、現代では他の階級から資本家階級へ移動できる機会は、大幅に縮小している。*9 しかも仮に資本家階級への移動が可能であったとしても、それは資本家階級への一足飛びの移動ではなく、いったん独立して旧中間階級となったあと、事業を拡大して資本家階級になるか、あるいはいったん管理職、つまり新中間階級に昇進したあとで役員になる、というルートが一般的だろう。

だから最大多数の人々にとって、さしあたり目指すべき階級は何かといえば、新中間階級または旧中間階級という、二つの「中流」だということになる。

まず新中間階級は、労働者階級と比べて、明らかに収入が多い。しかも大学を卒業していれば、所属できる可能性がかなり高い。労働者階級と同様に、仕事の自由度は低く、仕事の内容やペースを自由に決められる可能性は低いし、権限も大きくはない。しかし、ある程度まではという限定つきながら、自分の能力を発揮したり、これまでの経験を生かしたりできる可能性はある。

旧中間階級は、収入は労働者階級と大差がないが、学歴は不要である場合が多い。そして仕事の自由度は高く、自分の好きな仕事を、自分の決めたペースで行うことが可能である。事業を進める上での決定権は、自分の手中にある。自分の能力を発揮したり、これまでの経験を生かしたりすることもできる。

仕事から得られる収入は、仕事の貨幣的便益と呼ぶことができる。これに対して、仕事のやりがいや、仕事から得られる満足と自己実現などは、仕事の非貨幣的便益ということができる。資本家階級は、仕事から得られる貨幣的便益と非貨幣的便益が、ともに大きい階級だが、所属できる可能性は低い。労働者階級は、貨幣的便益、非貨幣的便益がともに低い。

これに対して新中間階級は、非貨幣的便益はさほど大きくないが、貨幣的便益の点ではかなり恵まれている。他方、旧中間階級は、貨幣的便益はさほど大きくないが、非貨幣的便益には恵まれており、場合によっては資本家階級以上に得られる可能性すらある。

このように新旧二つの中間階級は、達成可能性がそれなりに高い、目標となりうる二つの階級だということができる。だから労働者階級の多くは、新中間階級と旧中間階級への移動を望むだろう。

労働者階級の約半数が50歳までに「中流」へ

一般に人々が、社会的地位の間で移動することを社会移動という。これには大別して二つの形態がある。旧中間階級の父親をもつ人が教師や工員になったというように、出身階級と到達階級の間で起こる移動を、世代間移動という。これに対して、最初は工員だった人が、独立して自営業者になったり、さらに事業を拡大して経営者になったというように、ひとりの人生の内部で起こる移動を、世代内移動という。だから労働者階級からの移動をみる場合には、父親が労働者階級だった人と、最初に職に就いたときに労働者階級だった人の移動をみればいいことになる。

そのようすをみたのが、図表2－6である。ただし女性はいったん職に就いたあとで無職になったり、パート主婦として限定的に働いたりすることがあること、また実際に移動するまでにはかなりの時間が必要と考えられることから、集計対象は五〇歳以上の男性のみに限定した。二〇一五年SSM調査の対象者は二〇歳から七九歳までなので、集計の対象になったのは五〇歳から七九歳までの中高齢者である。だから社会移動のようすといっても、二〇年から三〇年ほど前のようすとみた方がいいかもしれない（現役世代に限った分析結果は、次章で紹介することにする）。

父親が労働者階級だった人の所属階級をみると、自分も労働者階級だという人は五一・〇％であり、約半数が他の階級に移動している。移動先では新中間階級が二三・九％ともっとも多く、旧中間階級の一八・〇％がこれに次いで多い。資本家階級が七・二％いるが、おそらくその多くは、いったん独立して旧中間階級になったあと、事業の規模を拡大して資本家階級となった人々だろう。両者を合計すれば二五％を超え、新中間階級を上回る。

最初に就職したときに労働者階級だった人のその後をみると、労働者階級比率は三〇歳時点で七二・四％、四〇歳時点で五七・二％、そして五〇歳時点では四八・八％にまで減っている。移動先は新中間階級の方が多いが、上と同様に旧中間階級と資本家階級を合計

図表2-6　労働者階級からの移動のようす（50歳以上・男性）

（1）労働者階級出身者の所属階級

（2）初職が労働者階級だった人の所属階級

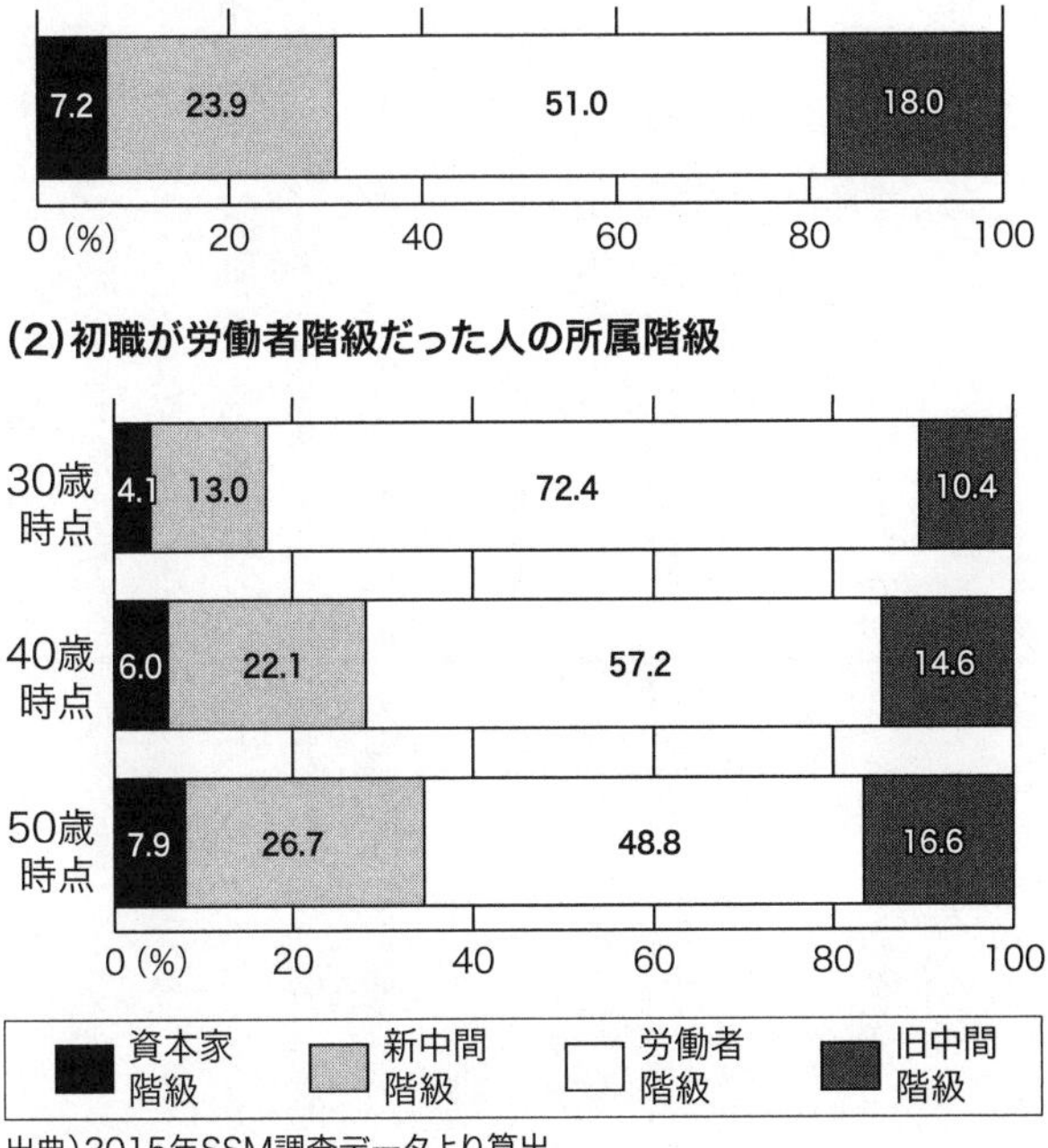

出典）2015年SSM調査データより算出。

すれば二四・五％で、新中間階級とほぼ同数ということになる。

このように、男性に限ったことだとはいえ、また一昔前の移動のようすをみたものだとはいえ、労働者階級出身者の、そして初職時点で労働者階級だった人々の約半数までが、五〇歳時点までに「中流」へと移動しているというのは、注目していいことである。女性の場合には、「中流」への移動は男性ほど多くないが、見方を変えれば、労働者階級出身の女性の夫、あるいは労働者階級に属する夫が「中流」へ移動する可能性は、ある程度まで開かれているのである。「中流」は、九割にはほど遠いとしても、五〇歳以上の人々のなかでは少数派というわけではなく、決して非現実的な夢ではない。

このような労働者階級の中間階級への移動は、常に多くの人々の関心事だったといっていいだろう。子どもに学歴を付けさせて新中間階級へ上昇移動させるというのは、労働者階級の親たちの多くにとって、共通の願いだった。また、被雇用の工員や職人として世に出た労働者階級の多くにとって、昇進して管理的な業務の担い手になること、あるいは独立して「一国一城の主」になるというのは、いつかかなえたい夢であり続けてきた。

「脱出」への競争

こうした労働者階級から中間階級への脱出には、一種の政治的な意味がある。労働運動、さらに一般的にいえば労働者階級の階級闘争というのは、労働者階級の生活を向上させようとする、さらには労働者階級が階級構造に占める位置をより好ましいものに変化させようとする営みである。しかし労働者階級が、昇進したり独立したりすることにより、個人的にとはいえ労働者階級からより好ましい階級へと脱出できるなら、その個人にとって、労働運動や階級闘争は不可欠のものではなくなる。労働者階級としての境遇を、個人的に解消できるからである。また、子どもをより好ましい階級へと脱出させることができるなら、擬似的には自分も脱出したと感じることができるだろう。

社会移動に関する研究をはじめて体系的に行ったのは、ピトリム・ソローキンである。彼は一八八九年にロシアで生まれ、サンクトペテルブルク大学で社会学と法律学を学び、同大学の初代社会学教授に就任したあと、ロシア革命に参加してケレンスキー内閣で内閣秘書官を務めたが、のちに国外追放となって米国に渡り、ミネソタ大学、ハーバード大学で活躍した。[*10] そのもっとも知られている著書が、一九二七年に出版された『社会的・文化的移動（Social and Cultural Mobility）』である。

ソローキンは本書で、社会移動のもつ政治的な意味について論じている。移動の機会が開かれていれば、リーダーたちや野心ある人々は上昇の機会を得ることができるから、革命のリーダーになるのではなく、社会的秩序の擁護者となり、いまある体制を維持しようとするようになるだろう。こうして社会移動は、革命によって社会を変えることを目指す党派から、将来その有能な指導者になったかもしれない人々を奪い取るのだ、と。*[11]

日本の労働者階級については、熊沢誠が次のように論じている。日本の企業では、労働者の処遇が「勤続プラス査定」で決定されている。勤続年数を重ねれば、昇進の資格は得られるが、実際に昇進できるかどうかは査定の結果次第なのである。そして高度経済成長期には、技術革新の結果、上位の職務と下位の職務の間の責任と権限の格差は拡大してきた。新入社員は一様に、底辺の職務を担うのだが、ここから上位の職務へと脱出できるかどうかは、「能力と『やる気』の競争的な発揮」に応じて決まるのである。しかし職務の構造がピラミッド型である以上、実際脱出できる労働者は限られる。すると競争は子どもたちの世代へと「繰り延べられ」、労働者家庭は進学競争へと巻き込まれていく。こうして、労働運動を通じて「労働者がその職業的地位にあるままで労働生活の全体をよくしようとする考え方」は育たなくなってしまうのだ、と。*[12]

5　「中流」という幻想

一昔前の「中流」に追いついた

図表2-3でみたように、新中間階級と旧中間階級という二つの「中流」は、就業人口の三分の一ほどを占めるに過ぎない。一九五〇年代には農民層が多かったので、農民層すべてを「中流」に含めれば、その比率は六~七割にも上っていたが、実際にはその大部分は耕作面積の小さい貧農層であり、中流としての実質を備えているとはいえなかった。また先にみたように五〇歳以上の男性に限れば、最大多数を占める階級である労働者階級から「中流」への移動のチャンスはある程度まであるが、それもたかだか半数程度である。

前章でみたように、日本社会に対する「総中流」というイメージは、もともと無理のある設問によって人々が回答を誘導されたことから生まれたものである。しかし、だからといって、日本人の多くが「総中流」の言説に対して違和感を抱くことなく納得し、これを受け入れてしまったのはなぜかという疑問が消えるわけではない。

その理由は、おそらく次のところにある。

戦後のある時期まで、日本はとても貧しかった。中小零細企業の低賃金労働者、自営業とは名ばかりの零細な商工業者、そして貧農が、人口の大部分を占めていた。この時期、大企業に勤めるホワイトカラーや、経営の安定した自営業者など、文字通りの「中流」は、手の届かない存在だった。しかし高度経済成長によって、労働者階級と自営業者層の生活水準は向上した。また農民層の生活も、米価を大幅に引き上げた戦後農政、そして子どもたちが農業以外に就業することで進んだ兼業化によって、豊かになった。彼ら・彼女らの生活は、同時期の文字通りの「中流」と比べれば貧しかったとしても、一昔前の「中流」には追いついていた。だからこそ人々は、自分たちを「中流」だとする言説に違和感を覚えなかったのだろう。将来、「中流」へ移動できる見込みがある程度まであるとなれば、なおさらである。

しかし、こうした時代は長くは続かなかった。日本は「格差社会」だというのは、すでに日本人の常識である。首相の「国民の中流意識は根強く続いている」という言明が、いかに虚《むな》しく響くことか。しかしここに至るまでには、いくつもの曲折があった。次章でふりかえることにしよう。

第3章

「総中流」の崩壊

1 「総中流」から「格差社会」まで

「格差社会」共通認識までの五段階

第1章でみたように、一九七七年の『国民生活白書』は、日本が欧米諸国に劣らないほど豊かになったこと、経済格差が縮小して、格差の大きさを示すジニ係数が他の先進諸国に比べて低いこと、そして自分を「中」と考える人が九割、さらに「中の中」とする人が六割にも達していることを強調し、日本社会の現状を礼讃した。

ここから「総中流」という日本社会イメージが広がり始めた。マスコミが「九割中流」と書き立てたこと、村上泰亮という優れたイデオローグが登場したこと、政府が格差の縮小と国民の「中流意識」を、自らの政策の正しさを示すものとして利用し始めたことなどもあり、一九八〇年代の初めには、これがほぼ「常識」とすらみなされるようになった。

とはいえ、この「総中流」は、八〇年代も半ばになると多くの疑問にさらされるようになった。しかし、ここから「格差社会」が国民の共通認識になるまでには、多くの曲折と長い時間が必要だった。詳しくみていく前に、流れを五つの時期に区分して、簡単にまとめておこう。

〔第I期〕前史・格差拡大の指摘の登場（一九七〇年代末から一九八〇年代初め）

第1章で触れたように、すでに一九七七年、『国民生活白書』が出された直後から、日本社会党の衆議院議員だった北山愛郎は、国会の場で、業種別・規模別の賃金格差の動向から格差が拡大しているのではないかと指摘していた。さらに北山は一九八一年、『日本経済と国民のくらし』という著書で「経済の高度成長がストップし、不況が進行するにつれて、激しい競争によってむしろ格差が拡大する傾向にある」と主張した。しかしいずれも注目されたとはいえない。さらにしばらくすると、政府の統計から算出されたジニ係数が、高度成長期を通じて進行していた格差の縮小が止まったこと、むしろ拡大している部分もあることを示し始めた。これに注目した人々もいたが、これもこの段階ではあまり知られることがなかった。

［第Ⅱ期］消費に注目した「中流分解論」のはじまり（一九八〇年代半ば）

この時期になると、現代人の風俗文化に詳しい著者たちや、消費行動の分析を専門とするマーケッターのなかから、「中流」と呼ばれてきた人々が二極化し始めていることに気がつく人々が現れた。そしてエコノミストの小沢雅子は、政府の統計から格差拡大を指摘するとともに、消費行動における格差拡大傾向を明らかにした。しかしこれらは、あくまでも大多数の人々が「中流」の生活スタイルを維持した上で、その内部が多様化しているという主張であり、「総中流」論を正面から否定したものとはいえなかった。

［第Ⅲ期］バブルに浮かれて夢見る中間層の時代（一九八〇年代終わりから一九九〇年代初め）

やがて、バブル経済の時代がやってきた。バブル経済は豊かな人々をますます豊かにしたから、格差は拡大した。政府の白書も格差拡大の事実を認めるようになり、中流が二極化する、あるいは「総中流」が崩壊するという受けとめ方も、一部でみられるようになった。しかしこの時期、格差拡大を深刻な問題だとする受けとめ方が一般的だったとはいえない。というのもバブル経済の時代には、貧しい人々がますます貧しくなったというわけではなく、平均以下の人々を含めて大部分の人々は、以前よりいくらかは豊かになったからである。むしろ「中流」の人々のなかには、自分の生活がこれからますます豊かになるのではないか、バブルの波に乗って富裕層に加わることができるのではないかと夢見るようになった人も少なくなかった。

［第Ⅳ期］バブル崩壊と中流崩壊（一九九〇年代半ばから二〇〇〇年代初め）

しかしバブル経済が崩壊し、景気の低迷がはっきりした一九九〇年代後半になると、がらりと様相が変わる。マスコミには、「中流」の崩壊や没落を正面から論じる暗いトーンの記事や、日本を「階級社会」だとする記事が続出し、この傾向は二〇〇〇年代になるとますます強まっていく。

［第Ⅴ期］「格差社会」という認識の定着（二〇〇〇年代半ば以降）

このころになると、日本で格差が拡大していることを示す証拠がかなり集まるようになり、はじめは研究者たちの間で、数年後にはマスコミなどでも、周知の事実とされるようになっていく。一部の研究者や政府、財界人などは、格差拡大の事実を否定しようとしたが、証拠が積み上がるにつれて、否定することは不可能になっていった。そして「格差社会」は流行語となって現代日本を語る不可欠の用語とみなされるようになり、日本は格差社会だとする認識はすっかり定着した。こうして「総中流」の主張は最終的に過去のものとされるに至るのである。

順を追って、みていこう。

2 「中流」の分解と「階層消費」（第Ⅰ期・第Ⅱ期）

ジニ係数が急上昇

一九八〇年代の前半には、北山のように断片的なデータによるのではなく、格差の大きさをより包括的に表現するジニ係数を根拠に、格差拡大傾向が指摘され始めていた。そのおそらく最初のものは、武藤博道と日本経済研究センターの『成熟型消費社会』（一九八二年）だろう。

本書で武藤らは、総理府（当時）の「家計調査」のデータから独自に一九七九年までの世帯収入のジニ係数を計算し、これが一九七〇年ごろまでは低下傾向にあったが、その後は減少傾向が止まり、年によっては上昇傾向を示していることを明らかにした。しかも注目すべきことに、世帯主収入のジニ係数は一九七〇年まで顕著に低下したあと、一九七九年まで大きな変化がないのに対して、他の世帯員の収入のジニ係数は、一九六〇年が〇・三〇八、一九七〇年が〇・三六九、一九七九年は〇・四四二と急速に上昇している。

ここから武藤らは、高収入の女性が高収入の男性と結婚したり、世帯主が高収入を得ている世帯では他の世帯員も高収入を得ているというように、収入の高い者どうしが世帯を形成する傾向が生まれているのではないか、というのである。今日では、高学歴のエリートどうしが結婚して「パワーカップル」を形成するようになっていることや、富裕層の子どもが恵まれた教育を受けて学歴エリートになっていくことなどは広く知られているが、これにつながる先駆的な指摘だろう。しかし正統派の経済分析といった性格の強い本書は、さほど注目を集めなかった。これは第I期に含めておいていいだろう。

一九八三年の『国民生活白書』は、所得階層別の非消費支出、つまり税や社会保障の保険料の負担を取り上げたが、ここには武藤らと同じく「家計調査」から算出されたジニ係数が用いられている。武藤らとは計算方法が違っていたのか、数値は微妙に異なるのだが、これをみるとジニ係数は、一九七〇年に〇・一七九と底に達したあと上昇に転じ、一九七五年には〇・一八九、八二年も〇・一八八となっている。高度経済成長が終わったあと、所得格差が拡大に転じたことが示されたのである。ただし白書は、税と社会保障による所得再分配効果がうまく機能していると論じるだけで、格差拡大には触れていない。武藤らと同様に、これも第I期に含めておいた方がいいだろう。

「階層消費」の時代

転換点は一九八四年にやってきた。この年、金融機関に勤めるエコノミストだった小沢雅子が、「幕開ける〝階層消費時代〟――〝中流幻想〟の崩壊と大衆消費時代の終焉」という論文を銀行の調査月報に発表して、話題となる。これが翌年、大幅に加筆した上で『新「階層消費」の時代――消費市場をとらえるニューコンセプト』というタイトルで単行本として出版され、がぜん注目を集めた。ここで小沢は、一九八三年の『国民生活白書』に示されたジニ係数を引用し、ジニ係数が下がらなくなっていることを確認した上で、サラリーマンの所得を、産業別、企業規模別、男女別、職種別、地域別に検討して、いずれにおいても格差が拡大していることを指摘した。さらに資産格差についても検討し、農家とサラリーマンの格差、住宅を取得した時期によるサラリーマン内部の格差が拡大していると主張した。

ただし本書が注目されたのは、経済格差の拡大を指摘したことによるのではなかった。これよりはるかに注目されたのは、消費者の消費の内容に階層分化が始まったという指摘だった。小沢によると、消費者の消費内容は、所有する資産の額と密接に関連しており、資産の多い人ほど高級品を購入する傾向がある。消費財の種類そのものは共通で、どんな人でも洋服や靴、アクセサリー、牛肉などを買うのだが、資産のある人ほど単価の高いものを買ったり、購入頻度が高かったりするというのである。

このように消費内容の違いに注目して格差を論じたという点は、ベストセラーになった渡辺和博・神足裕司の『金魂巻《きんこんかん》』、そして「ニュープア」「ニューリッチ」という造語で話題になった、博報堂生活総合研究所の『「分衆」の誕生』も同じだった。

『金魂巻』は、デザイナー、コピーライター、ディレクターなどのカタカナ職業を中心に、医者や弁護士、商社マンなどを加えた三一種類の職業を取り上げ、それぞれの「金持」と「ビンボー人」の生活を描いたものである。前者は㊎（マルキン）、後者は㋪（マルビ）と記号化されたが、同じ職業に就いていながら年収はそれぞれ数千万円と二～三〇〇万円という対比が鮮やかで、あたかも人々を階層化するのは職業ではなく、才能とセンス、そして親の地位と財産だというイメージを前面に出していた。両者の生活はといえば、乗る車はシボレーとホンダシティ、夏休みに子どもを連れて行くのは南軽井沢の別荘と郷里に住む祖父の家、家族で食事をするレストランは高級中華料理店の桃花林とデニーズ、飲んだあともって帰るおみやげは有名店の鯛飯と駅前で買ったヤキトリ、といった具合である。

つまり消費のパターンそのものは似通っているのに、その中身や単価が異なるというもので、小沢と同じように「階層消費」を描いていた。

「中流」の二極化

『「分衆」の誕生』は、マーケティング・リサーチに従事している著者たちが、最近になってビジネスの第一線で活躍する人々から、「高くていいものか、きわめて安いものにしか消費者は関心をいだいてくれない。中流九割といわれていたが、どうも近頃、その内部は二極化してきたのではないか」という問いを投げかけられるようになり、これに答えようとしたものだという。著者たちは、調査対象の消費者に「貧乏でない－貧乏である」「ゆとりがある－ゆとりがない」の二通りの自己評価を求めた。回答の分布は、前者では「貧乏でない」が八六・二%、「貧乏である」が一三・八%と著しく偏ったが、後者では「ゆとりがある」が四一・五%、「ゆとりがない」が五八・五%と、かなり拮抗《きっこう》していた。

そこで著者たちは、この二つの評価を組み合わせ、「貧乏だがゆとりがある」人々（七・五%）を「バランスプア（やりくり貧乏）」、「貧乏でゆとりがない」人々（六・三%）を「ピュアプア（本貧乏）」、そして「貧乏ではなくゆとりがある」人々（三四・〇%）を「ニューリッチ

（ユトリスト）」、「貧乏ではないがゆとりがない」人々（五二・二％）を「ニュープア（擬似貧乏）」と呼び、大多数を占める後二者に注目して消費行動をとらえようとしたのである。

いまから考えると、これらの著者たちの主張には、共通点があったといっていい。それは、「総中流」と「格差拡大」を矛盾しないものとしてとらえていたということである。それは、とくに『「分衆」の誕生』ではっきりしている。自分は「貧乏ではない」と考える人が八六・二％いるというのだが、これはまさに「九割中流」に対応している。そしてこの「九割中流」が「ゆとり」の有無によって二極化しているというのが、本書の主張なのである。

『新「階層消費」の時代』は、経済格差の拡大を指摘してはいる。しかしその力点は、消費内容が階層によって分化しているという点にある。ただし分化しているといっても、それは消費財の種類そのものの共通性を維持した上での分化に過ぎない。「中流」としての生活様式を維持していることを前提とした上で、購入するときの価格と購入頻度に違いがあるということならば、必ずしも「一億総中流」論と矛盾しているとはいえないだろう。『金魂巻』も、この点はまったく同じである。㊎と㋪は、職業は同じで、ライフスタイルも基本的には似通っているが、収入と支出の額に違いがある人々なのである。

3　格差拡大からバブル崩壊まで（第Ⅲ期・第Ⅳ期）

格差拡大の萌芽

格差拡大の証拠は、次第に増えていった。一九八五年の『国民生活白書』は、戦後四〇年間の国民生活の変化を跡づけた大部なものだったが、ここには一九六一年から一九八三年までの所得と金融資産のジニ係数が示されている。白書が強調したのは、あくまでも、高度経済成長の過程で所得格差と資産格差がともに急速に縮小したということだった。しかしいずれについても、近年はわずかながら格差が拡大していることが控えめに記されている。

政府の公式文書が、高度経済成長期以降の日本について格差拡大の事実を認めたのは、一九八八年の『国民生活白書』が最初だといっていいだろう。もっとも、その認め方は率直とはいいかねる。

一九八八年といえば、バブル景気が本格化した時期である。図表1－4で示した「所得再分配調査」による当初所得によるジニ係数は、一九八〇年に〇・三四九と底に達したあと、一九八三年には〇・三九八と急上昇し、一九八六年には〇・四〇五にも達していた。しかし白書は、なぜかこの数字を示さない。「家計調査」から算出されたジニ係数を示して、この値が高度成長期に急速に低下したあと、以後は不況期に上昇、好況期に低下するという傾向を示しており、一九八五年と八六年は不況だったので上昇したと、格差拡大が一時的な現象であるかのように描こうとする。年齢別、企業規模別、産業別、職業別、男女別、雇用形態別などの賃金格差についても検討されているが、はっきりとは結論しない。

しかし資産格差となると、ごまかすことのできない明確な格差拡大傾向がみられる。とりわけ、地価上昇によって土地・住宅資産の格差が拡大したことは、誰の目にも明らかだった。意識調査の結果からも、所得・収入については六〇・〇%、金融資産についても五四・六%の人々が、「一〇年前に比べて格差は拡大した」と回答していた。*1

そこで白書が持ち出すのは、格差に対する国民の意識の変化である。国民の格差に対する意識についての調査結果によると、多くの国民は格差拡大を感じてはいるが、「格差であれば何でもいけない」とは考えていない。むしろ多くの国民は、「個人の選択や努力によって生活に格差があるのは当然」と考えており、個人の選択や努力によって生じた格差は容認する傾向が強い。こうした調査結果を白書は、国民の格差に対する意識が「成熟」しつつあることを示している、と結論づける。「個人の選択や努力によって生活に格差があるのは当然」とするこの傾向は、最近では「自己責任論」と呼ばれている考え方と同じものだろう。

「階級社会」の兆し

この白書を、公表された翌日、一九八八年一一月一九日の社説で取り上げたのは『朝日新聞』だった。社説には「『格差社会』でいいのか」という見出しが付けられていた。「格差社会」とは、「格差」「社会」というごく一般的な用語をつなげただけの造語だから、過去においてもさほど意識的にではなく使われた例はあった。この社説はおそらく、意識的に用いた最初の例だろう。このことは記憶にとどめておく価値がある。

ただし社説をよく読むと、本文中に使われているのは「格差社会」ではなく「階級社会」である。「『格差社会』でいいのか」という見出しは、本文ができあがったあとの整理の段階で付けられたようだ。なぜこうなったのか。

社説は、「個人の選択や努力によって生活に格差があるのは当然」という受けとめ方を、

社説

「格差社会」でいいのか

ぬれ手でアワをつかめる人と、つかめない人がいる。そうした「違い」を社会的な不公平とみるか、それも本人の努力のうちとみて容認するか。近ごろの議論に即していうならば、今年の経済企画庁の国民生活白書はこんなテーマを取り上げている。

所得や資産をめぐって、私たちの生活と意識に現れはじめた「格差」に焦点をあわせて分析した。その問題意識は時宜を得ている。

だが、結論ともいうべき「格差」の評価には違和感を覚えるところがある。

白書は「格差」を容認するような意識を指して「成熟しつつある」ととらえる。画一的な平等主義を対極においてのことだろうが、人々の暮らしにあれこれの「格差」がくっきりと見えるような社会が、私たちの目指すべき成熟した世の中でないことも確かだ。

「格差」について、白書は三つの仕分けを試みている。個人の力では克服できない分野の格差と、個人の努力の反映とみなされる格差と。そして、同庁調査で「個人の選択や努力によって生活に格差があるのは当然」とする意識の度合いが強かったことから、それを「成熟化」と呼ぶ。

しかし、この調査の質問には「生涯全般について公平であれば」「一生を通じて公平であれば」といった前提がついていることを忘れては困る。第一、二つの種類の格差は簡単に切り離して考えられるものではなかろう。大都市圏のマイホームだって個人の努力でなんとかなると思われていたのは、そんなに昔のことではないはずだ。

問題は、個人の努力が公平な条件のもとに行われ、その結果が正当に評価され報われる社会であるのかどうか、という点だ。どうもそうではなさそうだ、と多くの人が思い始めているのが現状ではないだろうか。

白書は、家計の格差が広がっている傾向をいくつも数字で示している。とりわけ格差の広がっているのが、土地資産だ。全国の持ち家世帯でみると、土地資産額は平均で五十五年の千四百万円から六十二年には三千八百万円へ上昇している。東京圏の高資産層では三億円に達している。地価高騰の恩恵である。土地を持てる者と持てない者との資産格差は、極端な様相を見せている。

金持ちとそうでない人との間で、十年前と比べて生活の格差が拡大したと思うかどうかを聞いたら、六割の人が収入面でその通りと答えている。車や家具などの耐久消費財の種類にまで格差の拡大を感じている。自分の生活を「下層クラス」とみる割合も初めて二割を超えた。そうした格差感は生活の豊かさを感じないとする実感と結びつき、人びとの不平等感、不公平感を募らせている。

消費生活や余暇の過ごし方の多様化や分極化も指摘されるが、それは本当の豊かさを実感しえない国民が手近なモノに夢を仮託しているにすぎないのではないか。

白書も認めているように、欧米と比べて公平だといわれるわが国の社会のあり方が、国民の勤勉性とあいまって発展を支えてきた。せめて人並みにといった期待可能性が、活力の源だったろう。それが土地や株をてこに崩れていく予感を、かなりの人が抱いている。資産格差は相続を通して世代を超える。努力とは無関係の社会、新しい階級社会の兆しを感じとる人も少なくない。

資産課税の強化を求める声を、「女どものひがみ」と切り捨てた政治家がいた。ひがまないのを成熟した「おとなの意識」というのなら、未熟の方がましだ。金持ちだけがもっと金持ちになる。それをゆがみとして問い続ける社会が健全なのだと思う。

朝日新聞1988年11月19日社説

国民の格差に対する意識の「成熟」だとする白書の主張に、異を唱えている。現実の社会では人々は公平な条件の下におかれているのではなく、個人の努力が報われるとは限らない。地価や株価の高騰により社会の公平さが崩れ、こうして作られた資産の格差は相続によって次世代に伝えられる。日本の現実には「新しい階級社会」の兆しをみてとることができるのではないか、と。「新しい階級社会」——思い切った表現である。おそらくは最後の段階で、「新しい階級社会」という表現があまりにも刺激的だと考えた誰かが、見出しに「格差社会」と付けたのだろう。

バブル期の無邪気な上流志向

しかし社説が、あえて「階級社会」という言葉を用いたことには、必然性があったようにも思える。というのは、しばらくすると、いくつかの雑誌記事に「階級」あるいは「階級社会」という言葉が数多く出現するようになるからである。ただし、時代はバブルを迎えていた。たしかに格差が拡大する日本の現状を否定的にとらえる記事も、「消費税ガン細胞論　最大の問題は、『新・階級社会』化の引き金になることだ」(『SAPIO』一九八九年八月一〇日号)、「政財界に横行する『世襲』こそ『新階級社会』を生み出す元凶だ」

（『SAPIO』一九八九年九月一四日号）のように散見したが、やがて増えていくのは、バブルの熱に浮かされたかのように、欧米の上級階級・中流階級への憧れを語り、読者をその模倣へと誘う記事だった。

たとえば、次のような記事である。

「イメージはイタリアの上流階級――マダム・リングの贅沢な存在感」（『CLASSY.』一九九〇年七月号）

「英国式田舎趣味の贅沢――上流階級のステイタスである〝田舎育ち〟のセンス」（『エスクァイア日本版』一九九〇年一〇月号）

「古き良きアメリカが残る上流階級の避暑地に素敵なINNを訪ねる旅」（『家庭画報』一九九一年九月号）

「イギリス上流階級の重厚な人生ドラマを味わいたい」（『クリーク』一九九二年七月五

日号）

なかでも『ＣＬＡＳＳＹ.』という女性向け雑誌は、突出していた。そもそも題名が「階級」の形容詞形である（意味は「高級」「上品」といったところ）。「名門の令嬢たち」と題して、欧米の上流階級の女性たちに取材したシリーズは三五回を数えている。海外の高級ホテルやレストランなどを、予約方法などを含めて紹介する記事も多い。世界から富豪や王族が集まるという、バハマのリゾートホテルや、レンタルも可能なカリブ海の別荘を紹介し、「私たち日本人にもやっとそのよさがわかりかけてきた、何もしない贅沢を実践することだけが、ここでのルールです」[*2]、「ホテルよりもずっとプライバシーがあり、独立した時間が持てる」[*3]などと読者を誘惑する。

バブル経済を背景に、富裕層はもちろんのこと、多くの人々が消費を伸ばし、株価が下落したあともその余韻が続いていた時期である。欧米の上流階級のテイストが、多くの人々に手の届くものとして認知されていたことがうかがえる。とはいえ、真に受けてホテルやレンタル別荘を訪れた若い女性たちがいたとしたら、ほぼ全財産を失ったのではないかと想像するが、その後はどうなったのか。

女性誌といえば、一九八〇年代末には「玉の輿《こし》」がちょっとしたブームになった。ひもといてみると、「玉に乗るために、エチケット上級生になろう　ワンポイント修行　自分を磨く!」(『女性自身』一九八九年一月二四日号)、「こうして摑め!玉の輿結婚への道　キーワードは『ソシアルクラブ』『香をきく』『祖母ゆずりのカメオ』」(『女性セブン』一九八九年二月二日号)、「これしかない!一流男性と結婚するためのこの方法　医者、弁護士、高級官僚、商社マンのつかまえ方、落とし方」(『SAY』一九九一年五月号)などといった記事が、いくつもみつかる。「玉」と目することのできる男性の数が、それなりに増えていたことがこの背景だろう。

しかしその裏に、格差拡大へのリアルな認識が見え隠れする場合もある。ある記事など、日本の現状を次のように分析している。

　日本の社会は土地の異常な高騰を背景に、〝持てる者《ニューリッチ》〟と〝持たざる者《ニュープア》〟に2極化され新しい階級社会の時代に入りました。女性が仕事や生活面でどんなに努力しても、この階級差は埋まりません。唯一の方法は、結婚による〝持てる者〟への仲間入り。*4

九〇年代後半から「中流」崩壊へ

ところが景気の低迷がはっきりする九〇年代後半になると、このような記事は大幅に減り、日本の中産階級・中流階級が解体・崩壊したという記事が現れる。とくに北海道拓殖《たくしょく》銀行と山一證券《やまいちしょうけん》の経営破綻があった九七年以降になると、バブル期の無邪気な明るさや上流志向はすっかり影を潜め、記事のトーンは一気に暗く、深刻なものとなっていく。たとえば、次のような具合である。

「病める日本の中産階級――神戸小学生殺人事件が予感させるニュータウンの内なる崩壊と中産階級の解体」（『選択』一九九七年九月号）

「中産階級の没落は日本を再起不能にする」（『ビジネス・インテリジェンス』一九九九年七月号）

「階層分化が日本を滅ぼす――中産階級温存が優秀な製造業を守るには最適の手段」

(『Voice』一九九九年七月号)

「『一億総中流』から『8割貧困』の時代へ…『新』階級社会で生活格差は広がっている!」(『週刊宝石』一九九九年一〇月二八日号)

二〇〇〇年代に入ると、こうした傾向はますます強まり、「階級社会」という言葉が、普通に使われるようになる。しかもその使われ方は、ますますセンセーショナルなものになっていく。たとえば、次のような具合である。

「新・階級社会ニッポン」(『文藝春秋』二〇〇〇年五月号)

「階級社会ニッポンはもうそこまで来ている!」(『別冊宝島Real』二〇〇一年五月二日号)

「雇用崩壊が招く『超階級社会』子供の未来は親の地位で決まる」(『サンデー毎日』

二〇〇三年三月九日号）
「中流なき階級社会の暗い影　デフレの進展でリストラがさらに加速　大卒のホワイトカラーさえ貧困に怯える時代が来た」（『ニューズウィーク日本版』二〇〇三年六月一一日号）
「日本は階級社会に変貌した　これが現実　金持ちスパイラルと貧乏スパイラル」（『週刊現代』二〇〇三年一一月八日号）

4　そして日本は「格差社会」へ（第Ⅴ期）

格差拡大の指摘が増加

実は第Ⅲ期の一九八〇年代末から、社会学や経済学の格差に関する研究は、格差拡大を示す多くの証拠を蓄積し始めていた。

一九八五年には四回目のＳＳＭ調査が実施されたが、その成果は学術的な報告書で発表されたあと、一九八九年から単行本で公表されて、一般の目に触れるようになった。そして何人かの研究者たちは、経済的格差が拡大し始めており、また親から子どもへと豊かさや貧しさが継承される傾向が強まっていると指摘した。

盛山和夫らの分析によると、一九五五年から七五年にかけては所得のジニ係数が低下していたが、八五年には横ばいもしくはやや上昇している。また世代間移動は増加しているものの、これは農業からの移動が多いことによる部分が大きく、農業以外の職業では移動が減少していた。*5 またこのころ私は、一九七五年から八五年にかけて新中間層出身者が移動しにくい、つまり親と同様に新中間層になる傾向が強まったが、これは彼らの学歴が急速に上昇したことによる部分が大きく、新中間層は高学歴を獲得することを通じて世代的に再生産する、労働者階級とは明確に区別される階級となりつつあるのではないか、と結論していた。[*6] 教育を受けるチャンスについては尾嶋史章が、教育機会の格差についての分析から、旧帝国大学と早稲田・慶應などのエリート的な大学への進学機会の格差は拡大し、父親が専門職・管理職である層と父親が高等教育を受けている層の占有率が急速に上昇していることを明らかにしていた。[*7]

ただしこの時期のこれらの研究は、日本社会にさまざまな変化があるなかで、部分的に格差拡大の兆しがあることを示したという程度にとどまり、全面的な格差拡大を主張するものではなく、それほど注目を集めなかった。

新たな階級の出現

一九九五年SSM調査の結果からは、さらに多くの事実が明らかになった。とりわけ注目を集めたのは、佐藤俊樹の主張である。彼は新書版の著書『不平等社会日本』で人々を五つの階層に分類した分析から、最上位に位置する人々である「ホワイトカラー雇用上層」（経営者・管理職・専門職など）の閉鎖性が急速に高まり、エリートの子どももしかエリートになれないという構造が強まったことを明らかにし、これを「新たな階級の出現」と呼んだ。[*8] 佐藤が一般向けの著書でこの結論を、「努力すればナントカなる」社会から「努力してもしかたない」社会へ、というわかりやすい図式で説明したこともあって、マスコミなどでもかなり話題になった。

よく誤解されたのだが、佐藤はこれまで日本の社会が、親の職業に関わりなく、努力しさえすれば誰でも高い地位を得ることができる社会だったと論じているわけではない。これまでの膨大な研究は、エリートの子はエリートになりやすいというように、階層所属が親から子へと継承されやすい傾向が、すべての社会に多かれ少なかれ認められることを明らかにしてきた。佐藤もこれを前提に論じているのであり、以前からあったこのような傾向が、近年になって強まったとしているに過ぎない。とはいえ誤解をはらみながらも、こうした傾向の存在が広く知られるようになったのは間違いない。本書には「さよなら総中流」という副題が付けられていたが、多くの読者はたしかにこうした変化が生じていることを実感させられたのである。

ただし彼のいう「ホワイトカラー雇用上層」には、管理職・専門職などの新中間階級とともに、企業の経営者や役員、雇用規模の大きい自営業者など、資本家階級と呼んだ方が適切な人々を多く含んでいて、固定化しているのが新中間階級なのか資本家階級なのか、はっきりしない部分があった。私はこの少しあとに両者を区別した分析から、新中間階級の閉鎖性は必ずしも強まっておらず、閉鎖的になっているのは資本家階級であり、資本家階級の子どもしか資本家階級になれないという構造が確立しつつあることを明らかにした[*9]。こうした傾向は、その後も強まり続けている。その理由は、高度成長期までは一般的だった、新中間階級が昇進または独立して経営者になったり、労働者階級が独立して商店や工場をもち、自営業者を経て資本家階級へと上昇するといった移動のルートが、大幅に狭められたからだと考えられる[*10]。

ちなみに他の何人かの研究者たちは、やはりデータの分析から、佐藤のいう上層ホワイトカラーの閉鎖性が強まったとはいえないと反論し、なかには「中流崩壊は『物語』にすぎない」などと強く批判する声もあった[*11]。しかし世代間移動が増大していると明確に結論する研究は、この時期までにはほぼみられなくなった。つまり現代日本の階級や階層にはかなり強い閉鎖性があること、また閉鎖性が強まったことを示す証拠もいくつかあること、少なくともこの閉鎖性が弱まってはいないということは、研究者の間でも共通認識となったといっていい。この点は、二〇〇五年、そして二〇一五年のSSM調査データによる分析でも変わらない。

旧中間階級と新中間階級が逆転

その一端を示したのが、図表3－1である。これは父親が労働者階級だった人の所属階級を、一九五五年から二〇一五年までの七回のSSM調査データからみたものである。集計の対象は、現役世代の移動のようすをみるという意味で、図表2－6とは違って三五―五四歳とした。父親と同じ労働者階級にとどまっている人の比率は、一九五五年には四七・四％だったが、一九六五年に五四・二％と上昇したあと、少しずつ低下を続け、一九九五年には四七・五％となった。しかしその後は上昇に転じて、二〇一五年には五五・六％となった。父親と同じ階級に所属する人が増えているのである。

移動先には、大きな変化がある。一九五五年では、実に三五・五％と三人に一人以上が旧中間階級に移動している。新中間階級への移動は一一・八％と少ないが、両方を合わせれば半数近くが中間階級への移動を果たしたことになる。ところが旧中間階級への移動は減少を続け、二〇一五年には六・七％と、まったくの少数派となってしまった。これに対

図表3-1　労働者階級出身者の所属階級（男性35-54歳）

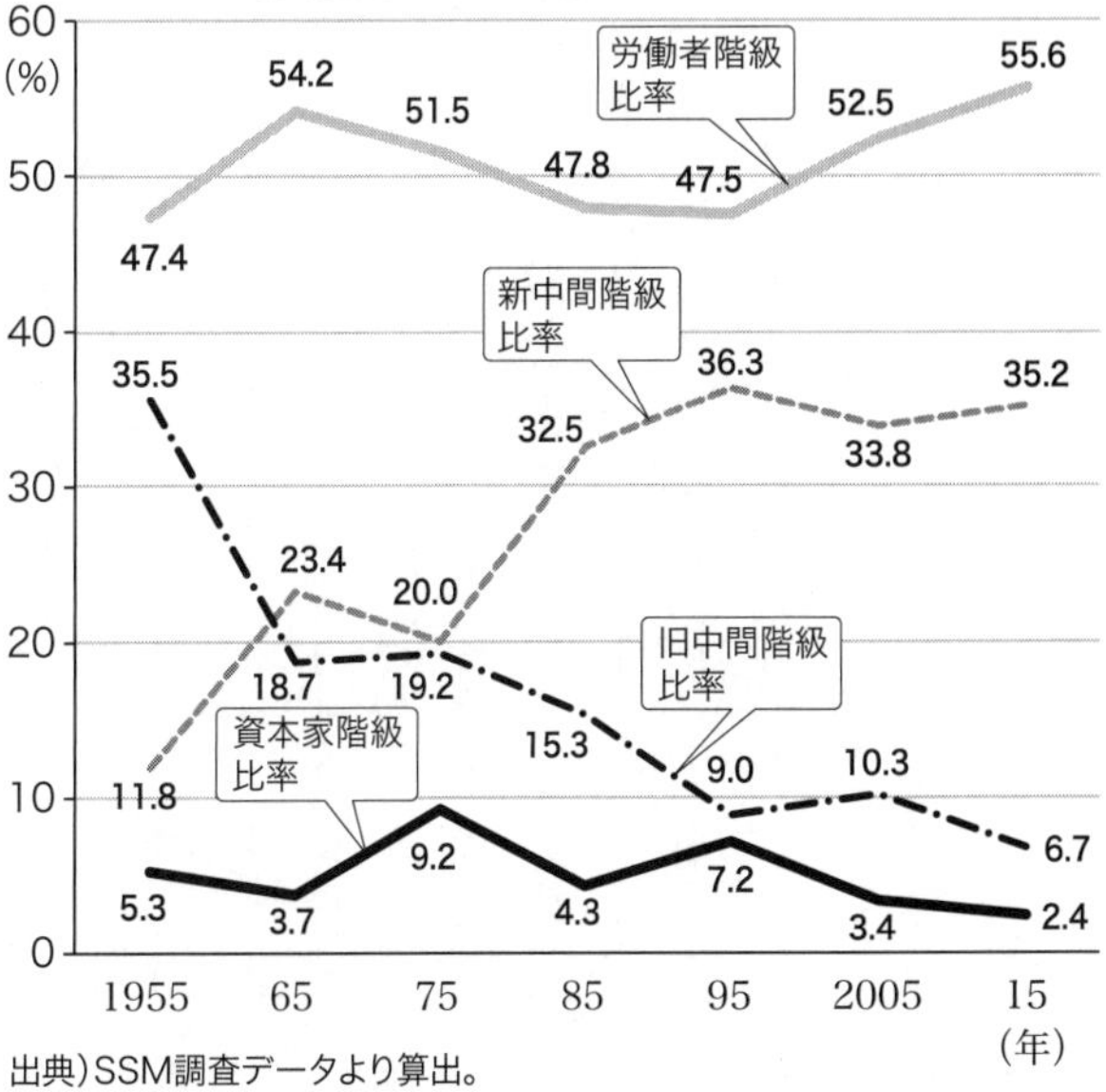

出典）SSM調査データより算出。

して新中間階級への移動は増加してきたが、一九九五年に三六・三％に達したあとは頭打ちで、近年は増加しなくなっていることがわかる。また資本家階級へ移動した人は、高度成長末期の一九七五年には九・二％に達していたが、その後は減少傾向にあり、二〇一五年にはわずか二・四％となってしまった。旧中間階級と新中間階級の比率が逆転しただけで、移動は増えていないのである。

橘木俊詔が論壇を牽引

所得格差に関する分析にも重要な進展があったが、格差が拡大したという結論が広く受け入れられるようになるまでには、かなりの曲折があった。

二一世紀に入ってから、格差社会をめぐって論壇を牽引《けんいん》したのは、経済学者の橘木俊詔《たちばなきとしあき》だった。その原点は、専門書に収められた一九九四年の論文で、ここで彼は長期にわたる統計の検討と国際比較から、日本の所得分配は不平等化しており、現在では先進諸国のなかで平等度が高い国とはいえなくなっていると指摘していた。[*12] 専門書だけに社会的にはあまり注目されなかったが、一九九八年になるとこうした分析の結果が『日本の経済格差』という一般向けの新書にまとめられた。その結論は、「日本は他の先進国に比べて平等な国だ」という、それまで広く信じられていた常識を真っ向から否定するもので、多くの話題を呼んだ。一九八〇年代に小沢雅子らが用いたジニ係数は、格差拡大の「兆し」を示す程度のものに過ぎなかったが、この時期の統計はこれよりも一〇年以上ものちまで続いた格差拡大のようすをはっきり示していたから、説得力があった。

これによって「総中流」という常識は覆されるかのようにも思われたが、そうはいかなかった。一見すると説得力のある批判が現れたからである。それは、「格差拡大はみせかけ」論である。

格差拡大はみせかけ?

その代表人物として注目されたのは、経済学者の大竹文雄である。彼は二〇〇〇年二月から三月にかけて『日本経済新聞』に連載された記事などで、次のように主張した。[*13]

第一の主張は比較的単純な問題で、橘木の用いた「所得再分配調査」のデータでは、諸外国の統計とは当初所得の概念が異なり、格差が大きめに出る傾向があるため、国際比較は慎重にすべきだというものである。これについては橘木も問題を認め、とくに「日本は米国より格差が大きい」と読めるような記述があった点については批判を受け入れた。しかし、実際には橘木がより強調していたのは当初所得ではなく、税引き後・社会保障給付込みの再分配後所得のジニ係数の動向であり、こちらについては結論が変わることはなかった。[*14]

これに対して二番目の主張は、統計から観察される格差拡大には高齢化によってもたらされた部分が大きく、実質的に格差が拡大しているとはいえない、というものである。大竹によると、日本の賃金格差を年齢別にみると、年齢が若いほど格差が小さく、年をとるにしたがって格差が大きくなる。初任給にはあまり格差がないが、年齢を経るうちに昇進の度合いによる格差、査定による格差、企業規模による格差などが大きくなっていくからである。しかしこのような格差は、過去二〇年ほど非常に安定しており、どの年齢層をみても、同じくらいの年齢の人々の内部で格差が拡大したという傾向は認められない。このとき、人口全体が高齢化すれば、格差の小さい年齢層が減り、格差の大きい年齢層が増えるわけだから、自然に格差は拡大する。こうした大竹は、統計から観察される格差拡大は人口構成の変化によって引き起こされたものだから、「みせかけの不平等化」だと主張したのである。

これが「格差拡大はみせかけ」論として、格差をめぐる論争の大きな争点となった。そして政府や財界、そして財界寄りの一部マスコミなどが、格差は拡大していないと抗弁するのによく用いられた。

しかし大竹のこの主張は、明らかに言い過ぎだった。実は記事でも大竹自身が触れているのだが、大竹はこれとは別に学術的な論文で、計量的な分析の結果として、格差拡大のうち高齢化によって説明できる部分はわずか三〇%程度だと結論している。[*15]仮に格差拡大に高齢化による「みせかけ」の部分があったとしても、それは全体のわずか三割程度なのである。

しかも、このように格差拡大の多くが人口学的要因によって説明できるのは、九〇年代の限られた時期のことだった。九〇年代後半以降になるとまず若年層、のちにはほぼすべての年齢層で、各年齢層内部の格差が拡大し、格差拡大は否定しようのない事実であることが明らかとなっていくからである[*16]。

今日では「格差拡大はみせかけ」という主張は、公的な場ではほぼ見かけなくなった。大竹文雄も二〇〇八年には、自分を格差拡大否定論者だとするのは誤解であり、「一九九〇年代までの所得格差の拡大は高齢化によるところが大きい」が、「生涯所得の格差の拡大は観察されている」として、事実上、過去の自分の主張を撤回している[*17]。そもそも図表1-4で示したように、産業間、企業規模間、男女間などの格差は一斉に拡大してきているのだから、格差拡大を「みせかけ」として片付けられないことは明らかだろう。

しかし「格差拡大はみせかけ」論の影響は、大きかった。これによって、少なくとも数年間は、格差が拡大しているという事実が広く認められるのが遅れたからである。いまでも若いころに「一億総中流」論の刷り込みを受けた五〇代以上には、「格差拡大はみせかけ」論を信じ、格差は拡大していないと言い張る人を見かけることが少なくない。

こうしたこともあって、格差拡大の事実が広く認められるようになるまでにはかなりの時間を要したが、それでも次のような出来事が、少しずつ人々の認識を変えていった。

フリーターの増加を懸念

二〇〇三年の『国民生活白書』は、『デフレと生活――若年フリーターの現在《いま》』という特集を組んだ。この時期にはフリーターという言葉がすっかり定着し、非正規で働く貧困な若者たちが増えていることが知られるようになっていたが、反面、フリーターたちを「自由気ままな生活を望む若者たち」、さらには「意欲や根気に欠ける若者たち」などとみなし、その貧困が本人の責任であるかのように論じる傾向が少なくなかった。しかしこの白書は、フリーターを「学生と主婦を除いた一五―三四歳の若者のうち、非正規労働者と働く意思のある無業者」と定義し、その数は一九九〇年の一八三万人から年々増加して四一七万人にも達していること、その最大の原因が企業が新卒採用を抑制して非正規労働者の雇用を増加させたことであること、そしてフリーターとなった若者たちの大部分が正社員としての就職を望んでいたことなどを明らかにした。これによってフリーターたちに対する先にみたような偏見はかなりの程度に払拭され、フリーターの増加が深刻な問題だと受けとめられるようになった。

小泉純一郎「格差が出るのは悪いことと思っていない」

二〇〇五年にはOECDが『一九九〇年代後半におけるOECD諸国の所得分配と貧困』という報告書を公表したが、ここでは日本を含むOECD加盟諸国のジニ係数と貧困率が、統一された方法によって算出されていた。これによると日本のジニ係数は〇・三一四で、ドイツ、フランスや北欧諸国に比べて明らかに大きく、米国、ポルトガル、イタリアといった、経済格差がとくに大きい国々に続く位置にあった。また貧困率は、先進諸国のなかでは米国とアイルランドに次いで高く、これ以外で日本より高いのは、メキシコとトルコという、先進国とはいいかねる二カ国だけだった。

二〇〇六年一月に始まった通常国会では、民主党、共産党、社民党などの野党はもちろんのこと、与党である自民党と公明党の国会議員までが格差拡大の問題を取り上げ、「日本国内に光と影が二極分化し、格差が広がってきている」（青木幹雄自民党参議院議員会長・当時）[*18]、「構造改革の進展に伴い、その『影』ともいうべき歪みが、日本社会の足元で広がってきている……。それは、『勝ち組・負け組』の言葉に代表される『二極化』『格差の拡大』の問題」（神崎武法公明党代表・当時）[*19]などと指摘して、政府の見解を質《ただ》した。これに対して小泉純一郎首相（当時）は、最初の段階では「格差拡大はみせかけ」論にもとづいて格差拡大の事実を否定したが、与野党の各議員の追及で事実を否定しきれなくなると、「格差が出るのは悪いことと思っていない」「成功をねたむ風潮や能力のある人を引っ張る風潮は厳に慎んでいかないと、社会の発展はない」などと開き直った。[*20]一連の論戦は、格差拡大への社会的関心を大きく高めることになった。

流行語になった「格差社会」

二〇〇六年の春頃から、多くの雑誌が格差拡大に関する特集を組むようになった。「下流社会パニック」（『Ｎｅｗｓｗｅｅｋ』二〇〇六年三月一日号）、「『格差』を感じていますか」（『エコノミスト』二〇〇六年四月二五日号）、「『金持ち』家族、『貧乏』家族」（『ＰＲＥＳＩＤＥＮＴ』二〇〇六年七月三日号）、「落ちる中間層　ワーキングプアよりも深刻なホワイトカラーの没落」（『東洋経済』二〇〇六年一二月九日）などである。この年、キーワードに「格差社会」を含む雑誌記事は、実に二五四件にも達した。[*21]

こうして「格差社会」は流行語になった。先述のように「格差社会」という言葉を意識的に使った最初の例は、一九八八年一一月一九日の『朝日新聞』社説だったが、これが流行語となるきっかけとなったのは、おそらく、二〇〇四年に出版された山田昌弘の著書『希望格差社会』である。「『負け組』の絶望感が日本を引き裂く」という副題をもつこの書で山田は、現代日本の若者たちが、将来に希望をもつことのできる層と、もつことができずに絶望する層へと二極化していると論じて話題を呼び、多くのメディアに取り上げられた。これをきっかけに「格差社会」という言葉が雑誌等で用いられるようになり、急速に広まっていく。こうして人々の間に広がりつつあった格差をめぐる漠然とした関心の対象が、「格差社会」という明確な像を結ぶようになったのである。「格差社会」は二〇〇六年一二月には新語・流行語大賞のトップテンに選ばれ、授賞式には山田が招待されて賞を受け取った。二〇一三年には、この賞の三〇周年を記念して「新語・流行語の三〇年のトップテン」が発表されたが、「安全神話」「サポーター」「セクシュアル・ハラスメント」などとともに、「格差社会」も選ばれている。

5　解体する「中流意識」

強まる階層変数と階層帰属意識

格差拡大が進行する過程で、人々の「中流意識」には変化が生じていた。

図表1－2で示したように、一九七五年の段階では、どの学歴でも、どの社会階層でも、また所得額にかかわらず、自分を「中」と考える人の比率が高かった。たしかにこの比率は、大卒者やホワイトカラーで高く、また所得が高いほど高くなるといった傾向はあるのだが、その違いは大きいとはいえなかった。そして自分を「中」と考える人の比率そのものは、一九八五年以降のSSM調査でもほとんど変化がなく、七五％前後で安定している。

ところが社会学者の吉川徹は、この間に人々の意識に重要な変化が生じていることを発見した。一九七五年の段階ではきわめて弱かった、学歴、職業、所得などの階層変数と階層帰属意識の関係が、一九九五年までの間にだんだん強まっていたのである。*22

こうした変化は、その後も続いている。この結果、近年では、人々が学歴や職業、所得などにかかわらず、同じような階層帰属意識をもつとはいえなくなってしまった。ただし第1章でみたような理由から、「中の上」と「中の下」を合計した「中」全体の比率は、やはり学歴や職業、所得などに関わりなく多い。だから「中」全体の比率にしてしまうと、違いがはっきりしなくなる。そこで階層帰属意識を、次のように分類し直してみることにしよう。

SSM調査の階層帰属意識に関する設問の選択肢は、「上」「中の上」「中の下」「下の上」「下の下」の五つである。真ん中は、「中の上」と「中の下」の間にある。ということは、「上」または「中の上」を選んだ人は、自分を「人並みより上」と考えているということである。そこで所得階層を四つに分け、それぞれについて自分を「人並みより上」と考える人の比率を、一九七五年、一九九五年、二〇一五年の三時点についてみたのが、図表3－2である。一九七五年と二〇一五年では所得水準も物価水準も大きく異なるし、一世帯あたりの人数もだいぶ変化しているから、所得の分け方には注意が必要である。そこで世帯所得を世帯員の数で調整するために等価所得（世帯所得を世帯員数の平方根で割ったもの）に変換し、その中央値の二倍、中央値、中央値の二分の一を境に四つの所得階層を区別することにした。富裕層とは中央値の二倍以上、相対的富裕層とは中央値以上で二倍

図表3-2　所得階層別にみた自分を「人並みより上」と考える人の比率

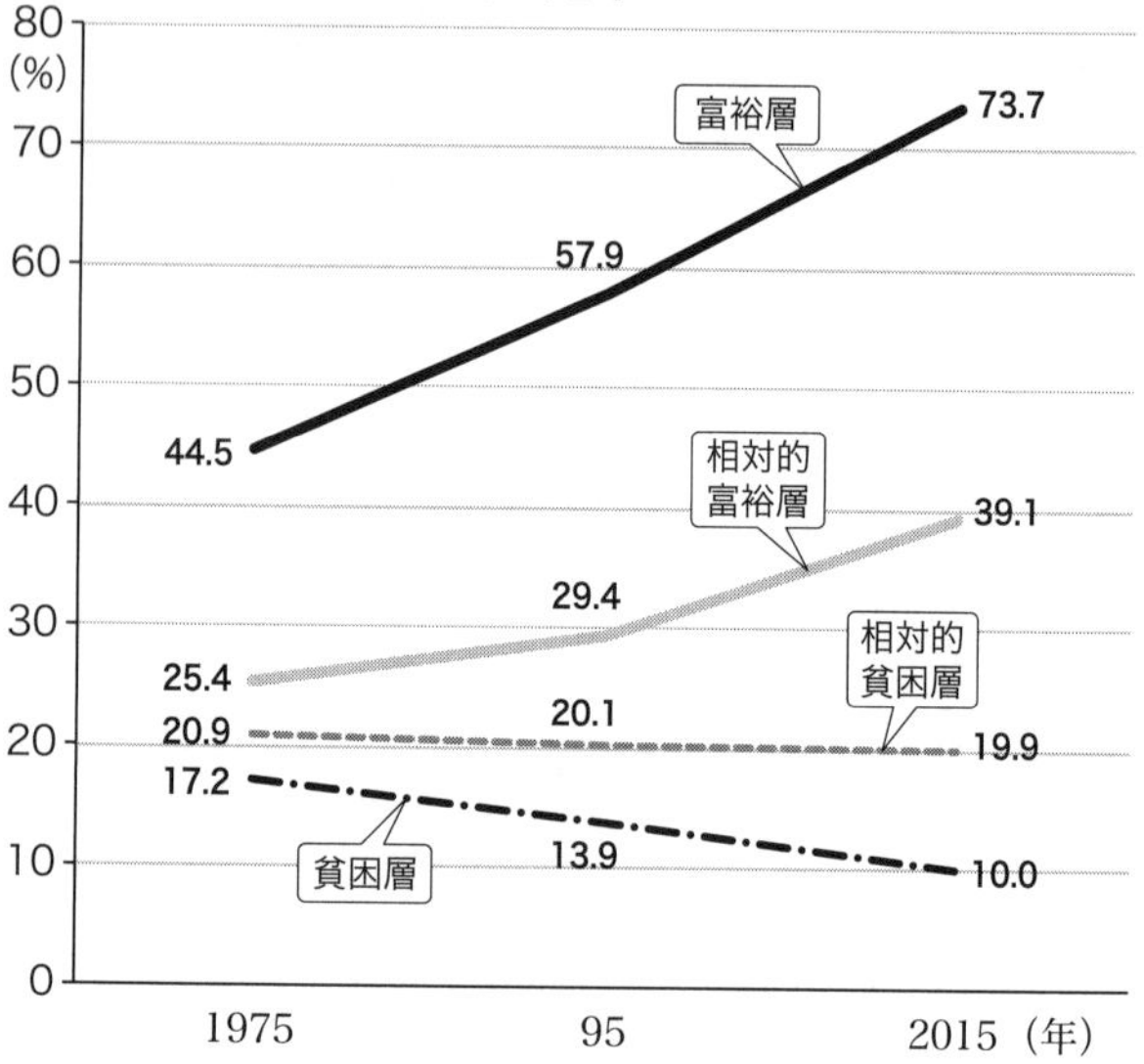

出典）SSM調査データより算出。20-69歳男性。

未満、相対的貧困層とは中央値未満、二分の一以上、貧困層とは二分の一未満の人々である。

グラフをみると、人々の階層帰属意識が、この四〇年間で大きく変わったことがわかる。一九七五年では、所得階層による「人並みより上」の比率の違いが小さい。富裕層は四四・五％と他よりかなり高いが、それでも半数以下である。豊かな人は自分の豊かさを、よくわかっていなかったのである。そして相対的富裕層、相対的貧困層、貧困層では、「人並みより上」と考える人の比率がいずれも二割前後で、あまり変わらない。グラフには示さなかったが、自分を「中の下」と考える人の比率も、相対的富裕層で五四・九％、相対的貧困層で五三・八％、貧困層で五一・六％と、ほとんど差がなかった（富裕層は四六・七％）。また自分を「下」と考える人の比率（「下の上」「下の下」の合計）は、貧困層でも三一・二％と多くはなく、相対的貧困層（二五・三％）、相対的富裕層（一九・七％）と大差がなかった（富裕層は八・七％）。貧しい人々も自分たちの貧しさを、よくわかっていなかったということができる。

階層帰属意識が「階層化」した

ところがその後、自分を「人並みより上」と考える人の比率は、豊かな人々では急速に上昇し、貧しい人々では低下していく。この変化は四〇年間にわたって続いており、二〇一五年になると自分を「人並みより上」と考える人の比率は、富裕層で七三・七％に達したのに対し、貧困層ではわずか一〇・〇％まで低下した。そして自分を「下」と考える人の比率は、貧困層では四五・八％に達し、相対的貧困層（二九・五％）、相対的富裕層（一六・三％）と大差がつくようになった。ちなみに富裕層はこの比率がわずか一・一％で、豊かであるにもかかわらず自分を貧しいと誤認する人は、ほぼ皆無になった。

このように豊かな人々は自分たちの豊かさを、また貧しい人々は自分たちの貧しさを、それぞれ明確に認識するようになった。こうして階層帰属意識は、現実の階層序列に沿ってきれいに分かれるようになった。階層帰属意識が階層化した、といってもいいだろう。所得の違いにかかわらず大多数の人々に共有される「中流意識」というものは、今日までにほぼ解体してしまったのである。

このように「総中流」などというものは、社会移動の構造や所得分配など、実体的な面からみても、また人々の意識の面からみても、すでに崩壊している。これが二〇二〇年代を迎えた日本社会の現実である。

第4章

実体としての「中流」

1 「中流」の多様な類型

二つの「中流」

第2章と第3章で確認したことを、簡単にふりかえっておこう。

現代社会には、二つの「中流」、つまり中間階級がある。

ひとつは、ロビンソン・クルーソーに象徴されるような、経営者と労働者の両方の性質を兼ね備えた独立自営の人々、つまり旧中間階級である。旧中間階級は生産手段を所有しているという点では資本家階級と同じだが、その量が少ないために、自分の所有する生産手段を自分自身で使い、現場の労働を担っている。その意味で資本家階級と労働者階級の両方の性質を兼ね備えているということができる。ただし中間階級といっても、その収入は労働者階級と大差がなく、場合によっては労働者階級をも下回る。

しかし旧中間階級には、独自のよさがある。それは、生産手段の所有者であり、事業主であることから、労働の内容や進め方を人に指図されるのではなく、自分で決めることができることである。だからこそ、自分の能力を思うように発揮することができ、これまでの経験を生かすこともできる。そして労働を通じて自己実現し、達成感を味わうことができる。つまり仕事から得られる貨幣的便益は大きくないが、非貨幣的便益は大きいのである。

もうひとつの「中流」は、企業のなかにあって、資本家階級と労働者階級の中間の位置を占める管理職や専門職など、つまり新中間階級である。新中間階級は生産手段の所有者ではなく、労働者階級と同じように資本家階級に雇われて働いている。しかし組織の規模が大きくなったために、高次の経営に関わる仕事に専念しなければならなくなった資本家階級にかわって、労働者階級の働き方を決めたり指図をしたりするような仕事を担っている点で、労働者階級と異なる。雇用されて働いている以上、その裁量の範囲は限られるし、能力や経験を生かす機会は労働者階級より多いとはいえ、やはり限られる。しかし賃金は高く、労働者階級や旧中間階級を大きく上回る。つまり仕事から得られる非貨幣的便益はさほど大きくないが、貨幣的便益は大きい。

二〇一七年の就業構造基本調査から試算すると、旧中間階級は就業人口の一一・八%、新中間階級は同じく二二・八%を占めている。労働者階級の六一・九%と比較すれば少ないが、資本家階級の三・五％と比べれば、それぞれ三倍と六倍である。

このように両者は、それぞれに異なった意味で、労働者階級に比べて優位な位置にある階級といえる。しかし労働者階級にとって、まったく縁遠い階級というわけではない。第2章と第3章でみたように、労働者階級から二つの中間階級への移動は少ないというわけではなく、近年はやや減少傾向にあるものの、約四割の労働者階級出身者が移動を果たしている。というのは時代により変化はあるものの、いったん労働者階級として工場や商店で働き始めたあと、技術やノウハウを身につけて独立し、旧中間階級になるという道や、大学へ進学してホワイトカラーとして就職し、新中間階級になるという道があるからである。

とはいえ二つの中間階級が全体に占める比率は三人に一人程度に過ぎない。その意味で中間階級は、絶対的少数派とはいえないものの、相対的な少数派にとどまるということができる。

そして重要なことに、新旧の中間階級それぞれの内部も、かなり多様である。詳しく検討してみれば、「中流」としての実質を伴わないのではないかと思われる部分も、少なくない。また「中流」の生活基盤は意外にもろく、老後になって生活困難に陥る場合も少なくない。

もうひとつ重要なことは、「中流」には新中間階級または旧中間階級として就業している人々だけではなく、これらの人々によって生活を支えられている他の世帯員も含まれるということである。なかでも無視することのできないのは、専業主婦またはパート主婦である。既婚者の場合、「中流」としての生活は夫婦の協力関係を抜きにしては理解できないはずだからである。

また同様に重要なのは、退職・引退したあとの高齢者である。米国の社会学者で、階級研究で世界的に知られるエリック・オリン・ライトは、階級所属を考えるためには、生涯にわたるキャリアを考慮しなければならないと主張した。この観点からすると、中間階級として長年にわたって働き、財産を形成したり年金を確保したりした人々は、退職・引退後も中間階級として生活することが可能なのだから、やはり中間階級に所属していると考えることができる。そしてＳＳＭ調査は、生涯にわたる職歴を尋ねているから、退職・引退後の高齢者を、かつての所属階級によって分類することが可能である。

「中流」の内部はどうなっているか？

そこで本章では、既婚者については夫婦の組み合わせを考慮しながら、また過去のキャリアも考慮しながら、「中流」の二つの階級の内部をいくつかに分類して、それぞれの姿をみていくことにしたい。分類の方法を示したのが、図表4－1である。人数は、二〇一五年SSM調査データに含まれる、それぞれの類型のサンプル数である。これは回答者本人をベースにした人数なので、たとえば新中間階級－専業主婦ペアには、新中間階級である夫と、夫が新中間階級である専業主婦の両方が含まれている。ここでは全部で一六のグループが区別されているが、次節以降で詳しく検討する際には、人数の少ないグループや、混成的で性格がはっきりしないグループは対象外にする。図表4－1で丸数字を付けてあるのが、詳しい検討の対象とするグループである。

（1）は、有配偶者の中間階級である。ここでは、夫婦それぞれの階級所属に注目する。中間階級と呼べるペアは、夫が中間階級で、妻が中間階級・無職・パート主婦のいずれかのケースだろう。ただし夫が新中間階級で妻が旧中間階級というペアと、夫が旧中間階級で妻が新中間階級というペアは、人数が少ない上に、両者の性格が混じり合って性格がはっきりしないので、詳しい分析の対象からは外すこととする。

したがって新中間階級は、①新中間階級ペア、②新中間階級－専業主婦ペア、③新中間階級－パート主婦ペアの三類型である。①は夫婦ともに新中間階級であるケースが中心だ

図表4-1　新旧中間階級の諸類型

(1)有配偶の中間階級

夫	妻			
	新中間階級	旧中間階級	無職	パート主婦
新中間階級	①新中間階級ペア 390人	新中間階級〜旧中間階級ペア 41人	②新中間階級〜専業主婦ペア 490人	③新中間階級〜パート主婦ペア 346人
旧中間階級	旧中間階級〜新中間階級ペア 49人	⑧旧中間階級ペア 323人	⑨旧中間階級〜専業主婦ペア 228人	⑩旧中間階級〜パート主婦ペア 141人

(2)無配偶の中間階級

④単身男性 新中間階級 167人	⑤単身女性 新中間階級 150人	単身男性 旧中間階級 84人	単身女性 旧中間階級 72人

(3)退職・引退後の男性中間階級

⑥新中間階級退職者 （無職・50歳時に新中間階級） 310人	⑦新中間階級退職後非正規労働者 （非正規労働者・50歳時に新中間階級） 83人
⑪旧中間階級引退者 （無職・50歳時に旧中間階級） 72人	旧中間階級引退後非正規労働者 （非正規労働者・50歳時に旧中間階級） 17人

出典）人数は2015年SSM調査データより算出。20-79歳。

が、夫が新中間階級で、結婚後も正規の事務職として働き続けている妻は、結婚・出産退職が一般的な単純事務職ではない可能性が高く、新中間階級的な性格が強いと考えていいので、このグループに含めた。その数は、三九〇人中一二〇人だった。旧中間階級は、⑧旧中間階級ペア、⑨旧中間階級－専業主婦ペア、⑩旧中間階級－パート主婦ペアの三類型である。

（2）は、無配偶の中間階級である。無配偶の男性旧中間階級が八四人、同じく女性旧中間階級が七二人いるが、これらは配偶者の死後も家業を守り続ける人々、未婚で飲食店などを営む人々、芸術家、デザイナー、個人教師といった個人営業の専門職など異質な人々が混在していて、ひとつのグループとみなすことが困難なので、詳しい分析の対象からは外すこととした。したがって、ここに含まれるのは、④単身男性新中間階級、⑤単身女性新中間階級の二類型である。

（3）は中間階級を退職・引退した人々である。かつて中間階級だったか否かは、五〇歳時点の所属階級から判断することとした。退職したあとは、新中間階級であれば完全に引退して無職となるか、非正規労働者として働くかというのが、主な選択肢となる。旧中間階級の場合、かなり高齢まで働き続けることが可能なので、非正規労働者になるというケースは非常に少ない。また女性の場合は、無職イコール専業主婦であるケースが多く、非正規労働者ならば家計補助的なパート主婦である可能性が高いので、夫が中間階級で妻が専業主婦またはパート主婦のペアと区別できない。そこでこれらを除外すれば、⑥新中間階級退職者、⑦新中間階級退職後非正規労働者、⑪旧中間階級引退者の三類型が区別されることになる。

一一種類の「中流」たち

したがって詳しい分析の対象とするのは、新中間階級七グループと、旧中間階級四グループ、合計一一グループである。分類できたサンプルは二九六三人、ここから詳しい分析の対象に含めないサンプルを引いた数は二七〇〇人である。総サンプル数の七八一七人に占める比率は、それぞれ三七・九%、三四・五%である。これが現代日本における「中流」の全体像と考えることができる。

図表4－2は、各グループの基本属性をまとめたものである。全体の平均年齢は五二・九歳である。もっとも若いのは単身男性新中間階級の三七・七歳と単身女性新中間階級の三七・八歳、もっとも高齢なのは旧中間階級引退者の七三・四歳、次いで新中間階級退職

図表4-2　中間階級各グループの基本属性

	「中流」に占める構成比（%）	平均年齢（歳）	大卒者比率（%）	世帯収入（万円）	自民党支持率（%）
①新中間階級ペア	13.2	44.1	68.2	992	26.9
②新中間階級〜専業主婦ペア	16.5	46.8	58.0	725	29.9
③新中間階級〜パート主婦ペア	11.7	47.2	52.0	788	25.7
④単身男性新中間階級	5.6	37.7	67.1	607	31.9
⑤単身女性新中間階級	5.1	37.8	62.0	546	13.4
⑥新中間階級退職者	10.5	70.2	49.4	478	37.7
⑦新中間階級退職後非正規労働者	2.8	65.7	41.0	515	40.7
⑧旧中間階級ペア	10.9	62.1	21.4	633	43.1
⑨旧中間階級〜専業主婦ペア	7.7	62.1	24.6	544	35.6
⑩旧中間階級〜パート主婦ペア	4.8	53.4	19.1	538	21.7
⑪旧中間階級引退者	2.4	73.4	5.6	228	43.1

出典）2015年SSM調査データより算出。20-79歳。

注）旧中間階級引退者の世帯収入では、不動産売買で6000万円を得ていた1ケースを除外した。

者の七〇・二歳である。大卒者比率は、新中間階級ペアが六八・二%、単身男性新中間階級が六七・一%と高く、以下、新中間階級の各グループが続く。旧中間階級は全体に大卒者比率が低いが、とくに旧中間階級引退者は五・六%と低い。もっとも世帯年収が多いのは「新中間階級ペア」で九九二万円と一〇〇〇万円に迫っている。次いで多いのは七〇〇万円を超える新中間階級－パート主婦ペアと新中間階級－専業主婦ペアである。旧中間階級では旧中間階級ペアが六三三万円ともっとも多く、他の二つのペアはこれより約一〇〇万円低い。旧中間階級引退者の世帯年収は、わずか二二八万円である。自民党支持率にはかなりの違いがあり、旧中間階級ペアと旧中間階級引退者が四三・一%と高く、新中間階級退職後非正規労働者が四〇・七%で続いている。もっとも低いのは単身女性新中間階級の一三・四%、次いで旧中間階級－パート主婦ペアの二一・七%である。

図表4－3は、各グループの経済状態についてまとめたものである。世帯年収は新中間階級ペアがもっとも多かったが、夫年収は「新中間階級－専業主婦ペア」(六六五万円)、「新中間階級－パート主婦ペア」(六三八万円)の方が多い。これはあとでみるように、「新中間階級ペア」には官公庁に勤める専門職が多いからだろう。単身新中間階級の個人年収は、男性四一五万円、女性三五八万円と多くないが、これは平均年齢が低いことによるも

図表4-3　中間階級各グループの経済状態

	夫（男性）年収（万円）	妻（女性）年収（万円）	金融資産（万円）	不動産資産（万円）	年金収入（万円）	貧困率（%）
①新中間階級ペア	594	361	1020	1479	1	0.3
②新中間階級〜専業主婦ペア	665	20	910	1378	13	2.9
③新中間階級〜パート主婦ペア	638	104	872	1438	5	2.2
④単身男性新中間階級	415	−	722	976	5	1.8
⑤単身女性新中間階級	−	358	1166	1042	7	10.9
⑥新中間階級退職者	307	122	2289	2035	252	13.0
⑦新中間階級退職後非正規労働者	324	111	1098	1574	137	4.2
⑧旧中間階級ペア	413	137	1339	2158	51	19.8
⑨旧中間階級〜専業主婦ペア	410	77	1381	2347	72	18.9
⑩旧中間階級〜パート主婦ペア	356	127	609	1026	25	9.1
⑪旧中間階級引退者	128	97	895	827	102	67.9

出典）2015年SSM調査データより算出。20-79歳。

注）旧中間階級引退者の年収と資産では、不動産売買で6000万円を得ていた1ケースを除外した。

のだろう。女性では貧困率が一〇・九％に上っているのも目をひくが、これはあとでみるように、シングルマザーが多いからである。ただし金融資産は、女性の方が一一六六万円と男性（七二二万円）を上回っている。

退職後の新中間階級の夫（男性）年収は、無職者で三〇七万円、非正規労働者で三二四万円と、意外に多い。両者の違いは、年金額にある。無職者が平均二五二万円もの年金を受け取っているのに対して、非正規労働者はわずか一三七万円である。これには非正規労働者の方が年齢がやや若く、年金を受給していない人が多いことによる部分もあるのだが、年金受給者に限っても、無職者の二八三万円に対して非正規労働者は一七八万円で、一〇〇万円以上の差がある。両者の違いは、金融資産額にもあらわれる。無職者は平均二二八九万円もの金融資産を有しているのに対して、非正規労働者は半分以下の一〇九八万円なのである。つまり長年にわたって新中間階級として働いてきた両者だが、年金の額と資産の大きさが、退職後に悠々自適の生活を送ることができるか、あるいは非正規労働者として働かざるを得ないかの分かれ目となっているのである。新中間階級退職者では貧困率が一三・〇％に達しているが、年収には預金の取り崩しが含まれないので、実際に貧困状態にある人は多くないはずだ。

旧中間階級に目を転じると、旧中間階級ペアと旧中間階級－専業主婦ペアでは夫の個人年収が四〇〇万円を超えている。旧中間階級ペアの妻の個人年収は一三七万円と少ないが、旧中間階級では夫と妻の年収を厳密に区別することができないから、両者を合わせて夫婦の収入とみなすべきだろう。旧中間階級－パート主婦ペアは、夫年収が三五六万円と少なく、このために妻が家計補助目的のパート勤務をしているようだ。金融資産と不動産資産も、それぞれ六〇九万円、一〇二六万円と少ない。ただし貧困率は九・一%と旧中間階級の四グループ中ではもっとも低く、妻のパート就労によって日々の貧困を回避しているようすがうかがえる。これに対し退職後の旧中間階級引退者は、個人年収が一二八万円と少なく、退職後の新中間階級の半分以下で、貧困率は六七・九%にも達している。それというのも、年金額が一一二万円と極端に少ないからである。

以上からわかるのは、旧中間階級の老後の生活基盤がきわめて脆弱であること、そして新中間階級の場合でも、資産と十分な年金が伴わずに、非正規労働によって自分の老後を支えることを余儀なくされる人々が一定数いるということである。

それでは次の2節で新中間階級、3節で旧中間階級について、詳しくみていくことにしよう。詳しい数値は章末の付表1から付表7までにまとめておいた。

2　現代日本の新中間階級

新中間階級の七つのグループ

この節では、新中間階級の七つのグループについて詳しくみていくことにしよう。新中間階級は旧中間階級に比べると、全体に学歴が高く、退職前の現役世代では家財の所有率が高く、消費活動・文化的活動ともに活発で、階層帰属意識も高い傾向があるが、各グループの間にはかなりの違いもみられる。

①新中間階級ペア

夫婦ともに新中間階級として職に就いている人々である。二〇一五年SSM調査のサンプルには三九〇人おり、「中流」全体の一三・二%、新中間階級の一九・七%を占める。新中間階級の学歴が高いことについては、すでに第2章でも触れたが、なかでももっとも大卒者比率が高いのが、この「新中間階級ペア」である。とくに女性の大卒者比率は六四・五%と、他のグループを引き離している。これは専門職比率が五八・五%と高いことと関係しており、とくに女性の専門職比率は六五・九%にも上っている。また教育・医療関係の専門職が多いことから、官公庁に勤務する人が二八・九%と多くなっている。

持ち家率は七七・四%である。家族構成では、子どものいない人の比率が一四・六%とやや高く、一定数のＤＩＮＫｓ（共働き子なしカップル）を含んでいるようだ。また自分または配偶者の母親と同居している人が一八・七%とやや多くなっており、このことがフルタイムでの就労を可能にしているケースも多いのだろう。性役割意識をみると、「男性は外で働き、女性は家庭を守るべき」と考える人の比率が低く、女性ではわずか九・八%、男性でも二〇・三%にとどまっている。「新中間階級ペア」の女性たちは、平均して夫の三分の二ほどの年収を得ているから、こうなるのも当然だろう。ただし男性の家事時間は、有職者のなかでもっとも長くなっているとはいえ、平日で六七分、週末でも一六三分に過ぎず、女性との差は大きい。伝統的性役割分業に否定的な新中間階級どうしのペアとはいえ、女性が主に家事を担うという構造は強固だといえる。余暇時間（趣味・娯楽・交際などの時間）は、男女とも平日が一時間程度、週末が三時間程度である。

ピアノ、食器洗い機など、あまり普及率の高くない家財の所有率が高くなっている。消費活動では、ここで取り上げた三つの項目すべてで比率が最高レベル（インターネット利用のみ「単身女性新中間階級」に次いで二番目）となっており、旺盛《おうせい》かつ合理的な消費活動をする人々である。文化的活動も盛んで、知的好奇心の旺盛さを感じさせる。ただしボランティア活動、町内会・自治会への参加率は高くない。

階層帰属意識をみると、自分を「人並みより上」と考える人が五三・九％と多く、全体で最高となっている。自分は幸せだと考える人、生活に満足している人の比率も、やはりもっとも高い。自分の健康状態を「よい」と考える人の比率も五〇・五％と高い。K6得点とは、抑うつ傾向を測定する尺度のひとつで、これが九点以上だと、うつ病や不安障害の可能性が高いとされている。[*1] 九点以上の人の比率は一四・五％で、高齢者の多い⑥と⑦以外ではもっとも低いが、有配偶の三つのグループ間の差は大きくない。

高学歴で収入が多く、消費活動や文化的活動が活発で、「中流の上」という意識をもつ人も多い、現代日本の「中流」のひとつの典型といえる人々である。

②新中間階級－専業主婦ペア

夫が新中間階級として働き、妻は無職の専業主婦という人々である。二〇一五年SSM

調査のサンプルには四九〇人おり、「中流」全体の一六・五%、新中間階級の二四・八%を占める、最大規模のグループである。

大卒者の比率は、妻では五二・六%と新中間階級としてはやや低いが、夫は六七・五%で、「新中間階級ペア」とさほど変わらない。専門職の比率は四〇・四%、管理職は一〇・四%で、その他の大部分は事務職（三四・六%）である。

持ち家率は七三・九%。九割以上に子どもがおり、とくに三〇代では九割に同居子がいる。半面、母親と同居している人の比率は一〇・六%と低く、このために妻が外で働きにくい部分もあるのだろう。

伝統的な性役割分業を支持する人の比率が高く、「男性は外で働き、女性は家庭を守るべき」と考える人の比率は、男性で四三・一%、女性でも三〇・〇%、「家事や育児には、男性よりも女性が向いている」と考える人の比率は男性で七〇・九%、女性でも五〇・七%に上っている。その意味では、自分たちの性役割意識に適った生活をしているということができる。ただし男性の週末の家事時間は平日が四四分、週末が一五九分で、他に比べて大幅に短いというわけではない。ただし妻の家事時間は平日で四八〇分、週末でも四六一分と他を圧して長いから、家事の妻への集中度はきわ立っている。しかし平日でも二時間半ほどの余暇時間を確保しているところは、専業主婦らしい。家財の所有率は、「新中間階級ペア」ほどではないが全体に高い。消費活動や文化的活動は、退職前の新中間階級としては、中間的といっていいだろう。社会的活動への参加率は低い。

自分を「人並みより上」と考える人の比率は四九・四％で、「新中間階級ペア」に次いで高い。自分は幸せだと考える人、生活に満足している人の比率も、やはり二番目に高い。K6得点が九点以上の人の比率は有配偶の他のグループよりわずかに高いが、健康状態がよいとする人の比率はほとんど変わらない。

妻が専業主婦だという点で「新中間階級ペア」とは対照的なグループだが、意識の特徴からみればやはり典型的な「中流」で、規模の大きさからみても現代日本の「中流」の中核に位置する人々といっていいだろう。

③新中間階級－パート主婦ペア

夫が新中間階級として、妻が非正規雇用のパートとして働いている人々である。二〇一五年SSM調査のサンプルには三四六人おり、「中流」全体の一一・七％、新中間階級の一七・五％を占める。大卒者比率は、夫が五七・八％、妻が四四・八％で、有配偶の三グループではもっとも低く、とくに妻の学歴は「新中間階級ペア」との差が大きい。男女別に集計して夫の職種をみると、管理職の比率は一二・二%と高いが、専門職の比率は二八・三%と低い。その他の職種では、課長以上の役職をもつマニュアル職が一〇・五%と多く（「新中間階級ペア」では四・六%、「新中間階級－専業主婦ペア」では五・三%）、現場たたき上げの役職者を比較的多く含んでいるところに特徴がある。同じ新中間階級とはいっても、職種からみてやや下層に位置する人々が多いということもできる。妻の職種は事務職（四一・〇%）がもっとも多いが、サービス職とマニュアル職もそれぞれ二〇・五%いて、かなり多様である。

持ち家率は八一・五%と高いが、実は六七・四%は住宅ローンなどの借入金を抱えている。このことも、パート勤めの背景のひとつなのだろう。家族構成をみると、子どものいる人の比率は「新中間階級－専業主婦ペア」とほぼ同じだが、母親と同居している人は一七・一%で、「新中間階級ペア」に近い。

性役割に対する意識は、「男性は外で働き、女性は家庭を守るべき」では中間的といえるが、「家事や育児には、男性よりも女性が向いている」と考える人の比率は「新中間階級ペア」とほぼ同じで、「新中間階級－専業主婦ペア」との違いは大きい。妻が家事の大半を担当している点は他のグループと同じだが、家事時間は平日で三〇七分、週末で三七二分と少なくなっており、ほぼ「新中間階級ペア」並みである。平日の余暇時間も、フルタイムより多いとはいえ一時間半程度にとどまる。その意味では両者の妻には、「働く女性」としての共通点が多いといえる。

家財の所有率は、全体に高いといっていい。消費活動は「新中間階級－専業主婦ペア」とほぼ同じだが、文化的活動、とくに読書に親しむ人の比率は、有配偶の他の二つのグループに比べてやや低くなっている。社会的活動への参加率も低い。

自分を「人並みより上」と考える人は四〇・九％で、「新中間階級ペア」より一三％低いが、単身者や退職者に比べれば高く、また自分は幸せだと考える人、生活に満足している人の比率は、かなり高い水準にある。その意味で、これらの人々もやはり典型的な「中流」とみていいのだろう。少なくとも平均値でみる限り、経済的に困窮してパート労働を迫られる女性たち、というような暗いイメージは強くない。

以上の三つのグループは、学歴や職種などに多少の違いがあり、「新中間階級ペア」と「新中間階級－専業主婦ペア」が階層的にやや上位に位置するものの、幸福感や生活満足度はいずれも高い。現代日本における「幸せな中流家庭」の典型的な三類型とみてよさそうだ。

④単身男性新中間階級

無配偶の新中間階級男性である。二〇一五年SSM調査のサンプルには一六七人おり、「中流」全体の五・六%、新中間階級の八・四%を占める。大卒者比率は六七・一%と高く、専門職比率が五三・九%に達し、次いで多いのは事務職（三七・七%）で、平均年齢が若いこともあって、管理職は二・四%にとどまる。専門職の内訳をみると、もっとも多いのが技術職の二五・一%、次いで保健医療職（一〇・八%）、学校教員（八・四%）などとなっている。

離死別者が一二・六%いるが、この比率は次に取り上げる女性単身新中間階級の半分以下で、子どもがいる人も一一・一%と少ない。同居家族がいるのは六七・七%で、五八・七%は母親と同居している。週あたりの労働時間は四四・五時間で、他と大差はないが、家事時間は短くなっている。さすがに独身だけあって、余暇時間は平日でも一〇〇分を超え、週末は五時間を超えている。シングルライフを楽しんでいるといってもよさそうだ。

家財の所有率は、パソコン・タブレットを除けば低めになっている。消費活動は、退職前の新中間階級としてはあまり旺盛とはいえないが、文化的活動については中間的といえる。社会的活動への参加率は低い。

階層帰属意識をみると、自分を「人並みより上」と考える人の比率が三四・八%とやや低い。さらに自分は幸せだと考える人の比率は三三・七%と著しく低く、有配偶の三つのグループの半分程度であることが目をひく。生活満足度も高くはない。K6得点が九点以上の比率も、単身女性より低いとはいえ、二五%に達しており、また退職後の二つのグループ以外では、健康状態がよいとする人の比率がもっとも低い。少なくとも男性の場合、中流の幸福は、結婚して家族を形成したあとで生まれる部分が大きいのだろう。

⑤単身女性新中間階級

無配偶の新中間階級女性である。二〇一五年SSM調査のサンプルには一五〇人おり、「中流」全体の五・一%、新中間階級の七・六%を占める。大卒者が六二・〇%で、学歴は高い。定義上、事務職は含まれず、管理職はごくわずかなので、九二・七%までが専門職である。男性と違って技術者は八・七%と少なく、保健医療職が三八・八%(うち六割以上が看護師)、学校教員が一五・四%、保母が一四・〇%を占める。「女性職」的性格の強い、下級専門職が多いといえる。

二九・三％に離死別経験があり、二九・〇％には子どもがいて、一九・三％は子どもと同居している。この点は、単身男性と違うところである。性役割についての意識は、有配偶の働く女性とよく似ている。家事時間は単身だけに短いが、単身男性に比べれば二倍以上で、余暇時間は単身男性とほぼ同じである。

家財では、ピアノの所有率が高くなっている。消費活動は、単身男性に比べれば活発で、とくに「雑誌や本で取り上げられたレストランに行く」の比率が高い。文化的活動も活発で、シングルライフを謳歌《おうか》しているようすがうかがえる。これに対して社会的活動への参加率は、最低レベルである。

意識の面では、単身男性とやや異なる。有配偶の女性たちほどではないものの、自分を幸せだと考える人が多く、生活満足度も低くない。その意味でも、単身男性に比べて「独身貴族」的な性格が強いといっていいだろう。つまり女性は、男性とは違って、家族を形成しなくても「中流」の幸福を味わうことができるらしいのである。ただし、これは主に子どものいない未婚女性についていえることで、自分を幸せだと考える人の比率は、離死別経験のある女性では四四・二％、同居の子どものいる女性では四一・四％と低かった

（未婚では五三・八％、同居子のいない人では五三・四％）。

⑥新中間階級退職者

五〇歳時点に新中間階級だった、現在は無職の男性である。二〇一五年ＳＳＭ調査のサンプルには三一〇人おり、「中流」全体の一〇・五％、新中間階級の一五・七％を占める。平均年齢が高いため、大卒者比率は四九・四％と高くない。五〇歳時点での職種は、専門職が二二・六％、管理職が二一・〇％、事務職が三四・二％で、残りの二二・三％が課長以上の役職をもつ販売職・マニュアル職などだった。また勤務先は、過半数の五〇・三％が三〇〇人以上、官公庁が二七・〇％となっていて、三〇〇人未満は二二・七％と少ない。

持ち家率が九三・五％と高く、また住宅ローンなどの借入金のある人は七・三％にとどまる。金融資産が二二八九万円に上っていたこととあわせて、財力には恵まれた人々といえる。家事時間は平日・週末とも一時間半程度だが、年齢からみて子どもの世話などは多くないだろうから、まあまあ家事に協力的といえるだろう。平日休日ともに三時間以上の余暇時間を楽しんでいるから、恵まれた老後とみてよさそうだ。

ここで取り上げた家財の所有率は低めだが、これは主に年齢が高いことによるものだろう。株券・債券の所有率は、もっとも高くなっている。ここで取り上げた消費活動が活発でないのも、年齢が高いことによるものだろう。文化的活動は盛んで、とくに読書に親しむ人の比率は高い。ボランティア活動や町内会・自治会活動への参加率は最高レベルで、地域活動の中心を担う人々といってよさそうだ。

自分を「人並みより上」と考える人や、自分を幸福だと考える人の比率、生活に満足している人の比率は、いずれも現役世代の有配偶の新中間階級より低くなっているが、これは図表4－3でみたように一三％いる貧困層によって引き下げられた部分が大きく、貧困層以外だけでみれば、この比率は三九・四％、五八・七％、八二・四％と、現役世代に近くなる。一部を除けば、現役時代から連続して「中流」の豊かな生活を享受している人々といってよさそうだ。

⑦新中間階級退職後非正規労働者

五〇歳時点では新中間階級だったが、現在は非正規労働者として働いている人々である。二〇一五年SSM調査のサンプルには八三人おり、「中流」全体に占める比率は二・八％、新中間階級に占める比率は四・二％という小さなグループである。

五〇歳時点の職種は新中間階級退職者とかなり異なり、専門職はわずか六・〇％で、管理職が二六・五％、事務職が四三・四％、残りの二四・一％が課長以上の役職をもつ販売職・マニュアル職などである。また五〇歳時の勤務先は、三〇〇人未満が三七・三％と多く、官公庁は一二・〇％と少ない。

これに対して現在の職種は、事務職が四一・〇％と多いが、次に多いのはマニュアル職（三六・一％）、次いで保安職（一二・〇％）となっている。職種を具体的にみると、目立つのは看守・守衛・監視員（九人）、自動車運転手（七人）、その他の労務作業者（四人）、清掃員（三人）、郵便・電報外務員（二人）、その他の技能工・生産工程作業者（二人）、倉庫夫・仲仕（二人）、運搬労務者（二人）など。五〇歳時の職種と現在の職種の間にははっきりした関係はなく、看守・守衛・監視員のうち三人が管理職、四人が事務職だったたし、自動車運転者のうち三人が管理職、二人が事務職だった。また製造現場で働くマニュアル職が七人いるが、このうち三人が管理職、一人が事務職だった。もともと新中間階級だった人でも、退職後の再就職では職種を選べないようすがわかる。

持ち家率は八六・八％と高いが、二三・七％には住宅ローンなどの借入金があり、このことが非正規での就業の背景のひとつなのだろう。週の平均労働時間は二九・一時間である。子どもと同居する人の比率は五三・〇％で、新中間階級退職者よりかなり高い。しかし彼らは、同居する子どもに家計を依存しているというわけではない。個人収入が世帯収入に占める比率をみると、七四・九％までが五〇％以上である。つまり退職後も子どもを養っている人々、養わざるを得ない人々が大多数を占めているのである。

家財の所有率はあまり高くないが、株券・債権をもっている人の比率は三七・五％と高い。消費活動はあまり活発ではなく、読書に親しむ人の比率も高くない。社会的活動に参加する人は多いが、「新中間階級退職者」ほどではない。

自分を「人並みより上」と考える人の比率は三〇・五％で、新中間階級の全グループ中でもっとも低いが、自分は幸せだと考える人の比率、生活に満足している人の比率は、最低レベルというわけではない。これは非正規労働による収入を含めて、何とか世帯収入を確保し、貧困に陥らずに済んでいるからだろうか。しかし退職後に、現役時代とはほど遠い慣れない仕事をしながら子どもを養うという老後は、決して楽なものではないはずだ。彼らはあくまでも「元中流」であって、現在も「中流」の生活をしているとはいえない人々である。

ちなみに子どもと同居する「新中間階級退職者」でも、七一・一％は家計収入の五〇％

以上が自分の個人収入である。つまり年金収入や財産収入のみで、自分と子どもの生活を支えることのできる人々が多いということになる。新中間階級は退職後、年金や財産収入、預金の取り崩しなどによって「中流」の生活を続けることのできる人々と、そうでない人々とに分かれていくのである。

3　現代日本の旧中間階級

旧中間階級の四つのグループ

次に旧中間階級の四つのグループについて、詳しくみていこう。旧中間階級は、新中間階級とは学歴や職種の構成が大きく異なる。しかし現役で働いている三つの旧中間階級の間にも、職種に大きな違いがあり、内部はかなり多様である。

⑧旧中間階級ペア

夫婦ともに旧中間階級として家業を営んでいる人々である。二〇一五年SSM調査のサンプルには三二三人おり、「中流」全体の一〇・九％、旧中間階級の三二・八％を占めている。職種は農林漁業が三三・七％と約三分の一を占め、それ以外ではマニュアル職（一八・六％）、販売職（一六・七％）が多い。夫と妻それぞれをみると、農林漁業と販売職の比率には大きな違いがないが、マニュアル職は夫が二四・五％に対して、妻が一二・一％、事務職は夫が一・九％に対して、妻が二三・九％と大きく異なり、夫が現場の作業、妻が事務といった分業が行われているケースが多いようだ。つまり夫婦で農家を営む人々、夫婦で商店を営む人々、そして夫婦で現場と事務を分担して家業を営む人々が、このグループの中心になっているのである。

一週間の労働時間は、夫が四八・〇時間、妻が三四・九時間と差があり、半面、家事時間は夫が約一・五時間、妻が四時間となっているが、この妻の家事時間は、女性では「単身女性新中間階級」の次に短い。余暇活動の時間は、妻の方がやや長くなっている。

家財の所有率は、新中間階級の多くのグループを下回るが、旧中間階級としては低い方ではなく、ピアノと食器洗い機の所有率が高いところには、新中間階級に近い「中流」の性格が感じられる。ここで取り上げたような消費活動や文化的活動は活発とはいえないが、これには農村部に住む人が多いことによる部分もあるだろう。ボランティア活動への参加率、自治会・町内会活動への参加率は、現役で働いているにもかかわらず高くなっており、この点が新中間階級と大きく異なるところである。

自分を「人並みより上」と考える人の比率は三五・五％で、旧中間階級のなかではもっとも高く、新中間階級に近い水準になっている。生活への満足度も高く、旧中間階級のなかではもっとも「中流」の性格の強い人々といっていいだろう。

⑨旧中間階級－専業主婦ペア

夫が旧中間階級として働き、妻は無職の専業主婦という人々である。二〇一五年ＳＳＭ調査のサンプルには二二八人おり、「中流」全体の七・七％、旧中間階級の二三・一％を占めている。

夫の職種ではマニュアル職が四一・四％ともっとも多く、農林漁業（二二・〇％）、販売（一七・八％）と続くが、次いで専門職が一五・〇％と多くなっているのが特徴といえる。産業分野をみると、このグループの特徴がさらにはっきりする。農林漁業（二二・三％）、小売卸売業（一一・八％）が多いのは「旧中間階級ペア」と共通だが、実はもっとも多いのは建設業（二二・八％）で、これら三つに続くのは不動産業（六・六％）、専門サービス業（四・八％）、技術サービス業（四・四％）などである。またひとつひとつの人数は少ないものの、宗教、教育・学習支援業、医療業など専門性の高い産業分野も数名ずつおり、合計すればかなりの数になる。つまり建設業と、専門性の高いサービス業が多くの部分を占めていて、自営業とはいっても、妻が手伝う性質のものでないことから、妻が専業主婦化しているらしいのである。母親と同居している人が一〇・五％と少ないことも、この傾向を強めているのだろう。意識の上でも、「男性は外で働き、女性は家庭を守るべき」と考える男性の比率が、現役で働く人々のなかでは「新中間階級－専業主婦ペア」の次に高く、女性ではもっとも高くなっている。

夫の週労働時間は三九・五時間と長くはないが、家事時間は平日で五〇分、休日で八〇分と短く、妻の家事時間は平日・休日とも約六時間と長くなっている。

自分を「人並みより上」と考える人は二八・四％と多くないが、自分を幸福と考える人は六〇・一％で、旧中間階級でもっとも多い。K6得点が九点以上の人は九・七％で、「旧中間階級ペア」と同様に低い。「旧中間階級ペア」の伝統的自営業に対して、近代的自営業に軸足をおく、旧中間階級のなかのもうひとつの「中流」といっていいだろう。

⑩旧中間階級－パート主婦ペア

夫が旧中間階級として、妻が非正規雇用のパートとして働く人々である。二〇一五年SSM調査のサンプルには一四一人おり、「中流」全体の四・八％、旧中間階級の一四・三％を占めている。

夫の職種では、マニュアル職が四九・三％と多く、農林漁業（一五・七％）、販売職と専門職（ともに一四・三％）がこれに次いでいる。農林漁業が少ないところは、「旧中間階級－専業主婦ペア」と似ている。産業分野にも共通点があり、建設業（三一・九％）がもっとも多く、次いで農林漁業（一四・二％）、卸売小売業（九・九％）と続く。不動産業（一・四％）、専門サービス業（二・八％）、技術サービス業（三・五％）など専門性の高い分野はやや少ないが、共通点は多い。では二つのグループはどう違うかということだが、最大の違いは夫の収入と資産である。図表4－3でみたように、「旧中間階級－専業主婦ペア」は夫の年収が四一〇万円、金融資産が一三八一万円、不動産資産が二三四七万円あるのに対して、「旧中間階級－パート主婦ペア」は、それぞれ三五六万円、六〇九万円、一〇二六万円である。この経済力の差が、妻をパート就業へと向かわせているのである。夫の営む事業の規模があまりにも小さいために、妻の手伝いは不要という側面もあるのだろう。

このためこのグループは、ここで扱った一一グループのなかでも、もっとも「中流」としての実質を欠いたものになっている。旧中間階級は全体に持ち家率が高いのだが、このグループだけは七八・一％と、新中間階級並みに低い。「男性は外で働き、女性は家庭を守るべき」と考える人の比率が、男性で二一・七％と「新中間階級ペア」並みに低いのも、「そんなことはいってられない」からだろう。ＤＶＤレコーダー、パソコン・タブレット、高速インターネット回線の所有率は旧中間階級でいちばん高いが、これは平均年齢が五三・三歳と若いからだろう。消費活動でのインターネット利用が多いのも、同様である。社会的活動への参加率は、旧中間階級では最低となっている。

そして何より、自分を「人並みより上」と考える人の比率は一四・二％で、群を抜いて低くなっている。健康状態もあまりいいとはいえず、Ｋ６得点が九点以上の人の比率は二割を超えている。自営で家業を営んでいるという意味で、形式的には「中流」といえるが、あくまでも「形の上」のことである。自営業者に関する研究では、自営業者のなかの実質を伴わない貧困部分のことを「名目的自営業者層」「偽装プロレタリアート」などと呼ぶことがあるが、このような人々をかなり多く含むグループであろう。実際、このグループの夫たちが従事する最大の産業である建設業の従業員規模をみると、七六％までが「一人」である。つまり自営業者とは名ばかりの、個人請負労働者と考えられる人々なのである。

⑪旧中間階級引退者

五〇歳時に旧中間階級で、いまは引退して無職の人々である。二〇一五年SSM調査のサンプルには七二人おり、「中流」全体の二・四%、旧中間階級の七・三%を占めている。五〇歳時の職種をみると、マニュアル職（四四・四%）がもっとも多く、次いで販売職（三一・九%）が多い。農林漁業が一二・五%と多くないのは、農林漁業を営む人々はかなり高齢になっても引退する必要がないからだろう。現役の旧中間階級のうち農家以外の人々が流れ込んでくるグループとみてよさそうだ。

このグループの経済基盤の弱さについては先述したが、これに高齢であることが加わってか、家財の所有率、とくにDVDレコーダーや情報機器の所有率は極端に低い。ピアノの所有率が低くないところをみると、これらの機器が旧中間階級にまで普及する以前に引退した人が多いのだろう。クレジットカードの利用率はわずか一六・六%、消費活動でのインターネット利用もわずか五・六%、文化的活動も不活発だが、ボランティア活動と自治会・町内会活動への参加率は高い。「新中間階級退職者」が都市部住宅地の地域活動の担い手であるのに対して、これらの人々は地方や商業地などの地域活動の担い手なのだろう。

自分を「人並みより上」と考える人の比率は二三・六%と低いが、それでも「旧中間階級−パート主婦ペア」よりはかなり高い。しかし自分を幸福と考える人、生活に満足する人の比率は最低で、高齢者であるにもかかわらずK6得点が九点以上の人の比率が二割に達している。

退職後の新中間階級の多くが「新中間階級退職者」となり、それなりに余裕のある老後を送って「中流」であり続けるのに対して、旧中間階級は「中流」であり続けることが難しいようだ。その意味でこれらの人々は、「新中間階級退職後非正規労働者」と同様、引退と同時に「中流」から転落した人々であるということができる。

4 「中流」の多様性と共通点

老後に転落リスク

以上のように、「中流」の内部はきわめて多様である。新中間階級と旧中間階級の間に違いがあるのは当然なのだが、両者それぞれの内部にも多様性がある。

新中間階級は資本家階級と労働者階級の中間に位置するという意味で「中流」なのだが、性別と配偶関係、そして夫婦の就業状態の違いによって、大きく異なる。そして退職後は、「中流」の生活を維持できる人とできない人とに分かれる。

旧中間階級は資本家階級と労働者階級の両方の性質をもつという点で「中流」なのだが、夫婦ともに従事するだけの事業規模があるかどうか、「中流」といえるだけの収益のある事業かどうかによって、大きな違いがある。また引退後は、その大半が「中流」から転落してしまう。

とはいえ、「中流」としての実質を備えない一部の人々、具体的には「新中間階級退職後非正規労働者」、「旧中間階級－パート主婦ペア」、「旧中間階級引退者」、そして「まだ中流に達していない」という性格の強い「単身男性新中間階級」を除けば、所得水準や意識などの上での共通点は多いといっていい。

そしてこれまで多くの論者が、この「中流」という共通点から、中間階級が資本家階級や労働者階級とは異なる行動をとり、特別の社会的役割を演じると主張してきた。次章では、これについてみていくことにしよう。

林漁業比率	マニュアル職比率	管理職比率	従業員規模300人以上	官公庁
—	2.3%	4.4%	28.6%	28.9%
—	5.3%	10.4%	44.1%	19.7%
—	10.5%	12.2%	48.6%	15.5%
—	1.2%	2.4%	35.9%	16.2%
—	0.0%	1.3%	23.5%	21.5%
—	8.4%	21.0%	50.3%	27.0%
—	9.6%	26.5%	50.6%	12.0%
33.7%	18.6%	—	—	—
22.0%	41.4%	—	—	—
15.7%	49.3%	—	—	—
12.5%	44.4%	—	—	—

付表1　中間階級各グループの学歴と職業

	男性大卒 比率	女性大卒 比率	専門 比率
①新中間階級ペア	71.1%	64.5%	58.
②新中間階級～専業主婦ペア	67.5%	52.6%	40.
③新中間階級～パート主婦ペア	57.8%	44.8%	28.
④単身男性新中間階級	67.1%	−	53.
⑤単身女性新中間階級	−	62.0%	92.
⑥新中間階級退職者	49.4%	28.3%	22.
⑦新中間階級退職後非正規労働者	41.0%	27.6%	6.
⑧旧中間階級ペア	25.8%	15.5%	6.
⑨旧中間階級～専業主婦ペア	28.3%	21.7%	15.
⑩旧中間階級～パート主婦ペア	21.3%	17.0%	14.
⑪旧中間階級引退者	5.6%	1.9%	5.

出典）2015年SSM調査データより算出。20-79歳。

注）専門職と管理職は非正規雇用でも新中間階級に分類される。旧中間階級には職業分類の定義上、管理職が存在しない。「専門職比率」「管理職比率」「従業員規模300人以上」「官公庁」は、①⑧では回答者本人のもの（配偶者を含まない）、②③⑨⑩では夫のもの（パート主婦を含まない）、⑥⑦⑪では50歳時のもの。

同居子あり	同居母親あり	離死別者比率
77.4%	18.7%	―
77.1%	10.6%	―
76.3%	17.1%	―
4.8%	58.7%	12.6%
19.3%	49.3%	29.3%
30.3%	9.7%	5.2%
53.0%	4.8%	6.0%
60.1%	20.4%	―
53.5%	10.5%	―
70.2%	20.6%	―
25.0%	6.9%	20.8%

付表2　中間階級各グループの住宅と家族構成

	持ち家率	同居家族あり	子どあり
①新中間階級ペア	77.4%	99.0%	85
②新中間階級～専業主婦ペア	73.9%	99.6%	91
③新中間階級～パート主婦ペア	81.5%	99.4%	90
④単身男性新中間階級	65.9%	67.7%	11
⑤単身女性新中間階級	68.0%	69.3%	29
⑥新中間階級退職者	93.5%	93.9%	92
⑦新中間階級退職後非正規労働者	86.8%	94.0%	93
⑧旧中間階級ペア	93.1%	100.0%	93
⑨旧中間階級～専業主婦ペア	85.9%	99.1%	93
⑩旧中間階級～パート主婦ペア	78.1%	98.6%	91
⑪旧中間階級引退者	86.1%	87.5%	94

出典）2015年SSM調査データより算出。20-79歳。

注）同居母親には自分と配偶者の両方の母親を含む。

家事や育児には、男性よりも女性が向いている	
男性	女性
54.9%	40.6%
70.9%	50.7%
55.6%	40.3%
46.9%	
	38.6%
67.8%	
75.3%	
62.7%	52.3%
60.2%	49.5%
61.0%	55.1%
75.0%	

付表3　中間階級各グループの性役割意識

	男性は外で働き、女性は家庭を守るべき	
	男性	女性
①新中間階級ペア	20.3%	9.
②新中間階級～専業主婦ペア	43.1%	30.
③新中間階級～パート主婦ペア	26.4%	15.
④単身男性新中間階級	22.5%	
⑤単身女性新中間階級		15.
⑥新中間階級退職者	36.3%	
⑦新中間階級退職後非正規労働者	37.5%	
⑧旧中間階級ペア	33.8%	31.
⑨旧中間階級～専業主婦ペア	35.8%	33.
⑩旧中間階級～パート主婦ペア	21.7%	20.
⑪旧中間階級引退者	39.4%	

出典）2015年SSM調査データより算出。20-79歳。

注）「そう思う」「どちらかといえばそう思う」の合計。

家事時間(休日・分)		趣味・娯楽・交際などの時間（平日・分）		趣味・娯楽・交際などの時間（休日・分）	
男性	女性	男性	女性	男性	女性
163	407	66	62	187	166
159	461	64	147	174	165
118	372	64	95	196	174
79		103		319	
	176		102		294
89		184		192	
66		103		180	
92	245	97	125	159	173
80	356	99	142	165	161
81	362	90	97	157	159
78		122		122	

付表4　中間階級各グループの生活時間

	週労働時間（時間）		家事時間（平日・分）	
	男性	女性	男性	女性
①新中間階級ペア	46.1	38.2	67	2
②新中間階級〜専業主婦ペア	46.8		44	4
③新中間階級〜パート主婦ペア	45.3	25.0	45	3
④単身男性新中間階級	44.5		41	
⑤単身女性新中間階級		43.4		[illegible]
⑥新中間階級退職者			87	
⑦新中間階級退職後非正規労働者	29.1		42	
⑧旧中間階級ペア	48.0	34.9	92	2
⑨旧中間階級〜専業主婦ペア	39.5		50	3
⑩旧中間階級〜パート主婦ペア	40.6	24.9	53	2
⑪旧中間階級引退者			81	

出典）2015年SSM調査データより算出。20-79歳。

ソコン・ブレット	高速インターネット回線	株券・債券
97.1%	83.8%	21.7%
96.9%	80.2%	26.0%
95.9%	80.0%	23.8%
93.9%	73.2%	18.3%
89.3%	64.4%	12.8%
79.5%	61.4%	43.8%
86.3%	58.8%	37.5%
74.4%	53.5%	20.8%
77.4%	50.7%	24.0%
83.5%	58.3%	10.1%
37.5%	22.2%	15.3%

付表5　中間階級各グループの持ち物

	ピアノ	食器洗い機	DVD レコー
①新中間階級ペア	38.1%	51.2%	89.
②新中間階級〜専業主婦ペア	30.0%	43.8%	86.
③新中間階級〜パート主婦ペア	31.2%	47.9%	90.
④単身男性新中間階級	17.1%	27.4%	68.
⑤単身女性新中間階級	36.9%	30.9%	75.
⑥新中間階級退職者	30.8%	33.4%	71.
⑦新中間階級退職後非正規労働者	23.8%	25.0%	75.
⑧旧中間階級ペア	28.2%	32.7%	67.
⑨旧中間階級〜専業主婦ペア	26.2%	28.5%	67.
⑩旧中間階級〜パート主婦ペア	23.0%	20.9%	82.
⑪旧中間階級引退者	23.6%	20.8%	43.

出典）2015年SSM調査データより算出。20-79歳。

注）もっている人の比率。

文化的活動			社会的活動	
美術館や博物館に行く	図書館に行く	小説や歴史などの本を読む	ボランティア活動	自治会・町内会活動
36.2%	56.2%	65.6%	7.7%	29.2%
27.6%	51.9%	64.3%	5.9%	23.8%
28.9%	45.9%	58.1%	3.7%	28.1%
34.1%	42.7%	62.8%	6.6%	10.8%
35.3%	53.4%	66.7%	6.0%	6.6%
36.4%	46.8%	67.1%	18.0%	42.2%
31.7%	39.0%	58.6%	13.2%	36.2%
22.1%	25.6%	42.5%	14.5%	42.5%
25.0%	32.6%	47.1%	12.3%	41.7%
14.2%	31.4%	44.3%	10.7%	36.2%
13.9%	23.6%	38.9%	15.3%	40.3%

付表6　中間階級各グループのライフスタイル

	消費活動		
	クレジットカードで買い物をする	インターネットで買い物やチケット予約をする	上げられたレストランに行く
①新中間階級ペア	71.4%	71.4%	50.
②新中間階級～専業主婦ペア	66.3%	63.3%	41.
③新中間階級～パート主婦ペア	69.6%	60.3%	40.
④単身男性新中間階級	60.6%	70.3%	32.
⑤単身女性新中間階級	65.3%	72.0%	49.
⑥新中間階級退職者	45.4%	31.7%	24.
⑦新中間階級退職後非正規労働者	41.4%	28.1%	22.
⑧旧中間階級ペア	34.0%	27.1%	16.
⑨旧中間階級～専業主婦ペア	38.2%	26.8%	24.
⑩旧中間階級～パート主婦ペア	40.0%	36.4%	24.
⑪旧中間階級引退者	16.6%	5.6%	8.

出典）2015年SSM調査データより算出。20-79歳。

注）消費活動は「よくする」「たまにする」の合計。文化的活動は年に1回以上する人の比率。社会的活動は「いつもしている」「よくしている」の合計。

康状態がよい	K6得点9点以上
50.5%	14.5%
48.0%	18.6%
47.5%	15.0%
43.3%	25.0%
48.0%	30.2%
38.2%	7.5%
34.1%	7.3%
40.6%	9.6%
34.2%	9.7%
36.0%	20.7%
25.0%	20.0%

付表7　中間階級各グループの意識と健康状態

	自分は「人並みより上」	自分は幸福	生活に満足
①新中間階級ペア	53.9%	76.4%	87.
②新中間階級〜専業主婦ペア	49.4%	71.8%	86.
③新中間階級〜パート主婦ペア	40.9%	68.4%	82.
④単身男性新中間階級	34.8%	33.7%	68.
⑤単身女性新中間階級	36.0%	51.0%	72.
⑥新中間階級退職者	36.2%	53.6%	79.
⑦新中間階級退職後非正規労働者	30.5%	59.5%	73.
⑧旧中間階級ペア	35.5%	56.1%	77.
⑨旧中間階級〜専業主婦ペア	28.4%	60.1%	76.
⑩旧中間階級〜パート主婦ペア	14.2%	49.6%	66.
⑪旧中間階級引退者	23.6%	33.8%	56.

出典）2015年SSM調査データより算出。20-79歳。

注）「自分は『人並みより上』」は「上」「中の上」の合計。「自分は幸福」は10点満点で7点以上の比率。「生活に満足」は「満足している」「どちらかといえば満足している」の合計。「健康状態がよい」は「とてもよい」「まあよい」の合計。

第5章
主体としての「中流」

1　ファシズムの社会的基盤としての「中流」

中間層が中心的な支持基盤

一九二〇年代、ファシズムが台頭してきた当時から、ファシズムを支持する社会的基盤について の、ひとつの有力な仮説が唱えられてきた。それは、ファシズムの支持基盤は中間層だというもので、「中間層ファシズム論」、あるいは「中間層テーゼ（中間層命題）」などと呼ばれている。代表的な論者としては、ドイツの社会心理学者でのちに米国に移住したエーリッヒ・フロムと、米国の社会学者シーモア・リプセットを挙げることができる。

フロムによると、資本主義によって人々は経済的自由を獲得し、とくに中産階級はこうした自由を満喫するようになった。しかし同時に、人と人の関係は、直接的で人間的な性格を失い、人は相手を互いに手段とみなすようになる。これによって人々は、無力感と孤独感にとらわれるようになる。

ここから人々の間には、こうした無力感と孤独感を克服するため、自由から逃避して権威に服従し、同じように服従する他の人々と一体化することによって、精神の安定を得ようとする傾向が生まれる。このような傾向を、フロムは権威主義的パーソナリティと呼ぶ。権威主義的パーソナリティは、ドイツをはじめとするヨーロッパ諸国の下層中産階級には広くみられる。ここで下層中産階級というのは、小商店主、職人、ホワイトカラー労働者などのことである。

ドイツの下層中産階級にはもともとこのような傾向が強かったのだが、第一次大戦での敗戦以降の社会の変化が、これを促進した。敗戦と君主制の崩壊によって、国家と君主という心理的な支えが失われた。インフレによって、自営業者たちは財産を失い、経済的基盤を破壊された。革命によって労働者階級の地位は向上し、下層中産階級の地位は相対的に低下した。こうして下層中産階級には無力感、不安、孤立感が強まり、これがファシズムの心理的基盤になった。フロムは、このように論じたのである。[*1]

次にリプセットによると、ファシズムとは、中間階級の多くがとる政治的立場である自由主義が、さまざまな社会経済的条件の下で過激化したものである。彼によると現代社会における政治的立場は、左翼、中間派、右翼の三つに分けられる。左翼の通常のイデオロギーは社会主義で、これを支持するのは労働者階級や貧困層である。また右翼の通常のイデオロギーは保守主義で、これを支持するのは比較的富裕な人々である大企業や農園の所有者、管理職階層と、教会などの伝統的組織に属している人々である。そしてこの両者は、さまざまな条件の下では過激化することがあり、そのとき社会主義は共産主義に、保守主義は右翼過激主義に変貌する。

これに対して中間に位置する自由主義は、自由経済を支持する一方で小企業の存続を支持し、政府による最小限の規制を求め、強力な労働組合には反対し、機会の平等は求めるが強制的な所得平準化には反対し、貴族制や伝統主義には反対するというもので、これを支持するのは中間階級、つまり小企業者、ホワイトカラー労働者、専門職のなかの反宗教的な人々である。

一般には左翼が過激化した共産主義と、右翼が過激化した右翼過激主義が独裁制をもたらすのに対して、中間派は民主主義の擁護者だと考えられることが多い。ところがリプセットによると、このような理解は誤りであり、実は中間派も過激化する。そのときに自由主義は、ファシズムに変貌するのである。そしてリプセットは、ファシズム政党の得票率の変化や地理的分布、党員の職業構成等に関するデータを次々に挙げながら、ファシズム政党が、もともと中間派政党を支持していた人々から支持を奪っていったことを明らかにした。ファシズムは資本主義と社会主義の両方に、そして大企業と労働組合の両方に異議を唱える運動であり、そのことによって中間階級の支持を集めたのである。[*2]

以上のような主張は、いずれも新中間階級と旧中間階級とをひとまとめにして「中間層」「中間階級」と呼んでいる点に共通点がある。新中間階級と旧中間階級の間にさまざまな違いがあることを考えると、両者をひとまとめにしていいのかという疑問が生まれるのも当然である。この点について政治学者の山口定《やすし》は、多くの研究を紹介しながら、ドイツでは旧中間層のウエイトが高く、イタリアでは新中間層のウエイトが高いなど、国による違いはあるものの、「中間諸階層がファシズムの最も中心的な支持基盤であったこと自体は動かない」としている。[*3]

丸山眞男の指摘

また日本については政治学者の丸山眞男《まさお》が、やはりファシズムの社会的担い手は中間層の一部だったとしている。彼によると日本の中間層には、第一に「小工場主、町工場の親方、土建請負業者、小売商店の店主、大工棟梁、小地主乃至《ないし》自小作農上層、学校教員、殊に小学校・青年学校の教員、村役場の吏員・役員、その他一般の下級官吏、僧侶、神官」、第二に「都市におけるサラリーマン層、いわゆる文化人乃至ジャーナリスト、その他自由知識職業者（教授とか弁護士とか）及び学生層」という二つの類型があった。そして後者が全体としてファシズム運動に嫌悪の感情をもち、積極的には支持しなかったのに対して、前者がファシズムの社会的基盤だった、というのである。ちなみに丸山は、前者を「擬似インテリゲンチャ」、後者を「本来のインテリゲンチャ」と呼んでいる。*4 前者の方は、小学校教員や下級公務員、神官など国家機構の末端成員を除けば、ほぼ旧中間階級とみなしていいから、日本のファシズムはドイツに近い旧中間階級型ということになるのだろう。

ファシズム運動を呼びかけた室伏高信

戦前の日本において、中間階級を主体とするファシズム運動を呼びかけた人物としては、室伏高信《むろぶせこうしん》を挙げることができる。室伏は一八九二年生まれのジャーナリストで、はじめは社会主義に共感する立場から、社会民主主義をめぐる論争に参加するなどしていたが、のちにナチスに共感するようになり、一九三二年に『中間階級の社会学』を出版した。ここで彼は、次のように主張する。

近代社会には、ブルジョア、プロレタリア、中間階級の三つの階級がある。中間階級とはブルジョアでもプロレタリアでもなく、この二大階級と対立する人々のことで、知識・技術階級、「白襟労働者」(ホワイトカラー)、中小商業者、農民から成り立っている。プロレタリアは産業資本によって搾取されているが、中間階級は独占価格と金利を通じて金融資本から搾取されている。中間階級は人口の最大部分であり、今日はブルジョア・対・プロレタリアの階級対立の時代ではなく、金融資本・対・中間階級の時代である。その綱領で「健全なる中間階級の創造と維持」を掲げ、中間階級を代表しているのがナチスである。そして室伏は、中間階級を主体とする全体主義運動の必然性を、次のように高らかに宣言するのである。

新しい現実は新しい要求をもっている。中間階級の自己意識、組織、イデオロギー、そして運動がこれである。世界に澎湃《ほうはい》として起こっているファッショの波はこの傾向の具体的表現である。……。中間階級は国民大衆である。大衆の運動は部分運動ではなく全体運動である。*5

ネトウヨには新旧の中間階級が多い？

それでは現代日本の「中流」は、ファシズムの担い手になりうるだろうか。かつて存在したものとまったく同じ意味での「ファシズム運動」が現代日本に存在するわけではないが、国家主義や排外主義というように範囲を広くとってみれば、いくつか手がかりはある。

社会学者の樋口直人は、排外主義運動の活動家たちへのインタビュー調査を数多く行っているが、その結果によると、排外主義運動の活動家たちには大卒者が多く、その大部分は正規雇用のホワイトカラーであるという。*6 また永吉希久子は、約八万人を対象としたインターネット調査の結果から、保守主義・排外主義・インターネットでの政治的意見発信という三つの指標によって「ネット右翼」を定義し、その特徴について分析している。これによると「ネット右翼」は、年齢では四〇代以上、性別では男性、職業では経営者・自営業に多く、学歴にははっきりした傾向がなかったという。*7 以上からみる限り、現代日本の排外主義者や「ネット右翼」には、新旧の中間階級が多いということになりそうだ。

2　穏健保守としての「中流」

「中間階級」の政治的役割

先に紹介したように、リプセットによると、通常の社会経済条件の下で中間階級が支持する政治的立場は、左翼でも右翼でもない中間派であり、その政治的イデオロギーは自由主義である。自由主義は、社会主義とは違って自由経済を支持し、労働組合が大きな影響力をもつことに反対する一方で、政府が最小限の干渉や介入を行うことを認め、大資本の支配に反対して小企業を守ろうとする。そして貴族制や伝統主義に反対する近代主義でもある。いわば、穏健保守である。

こうした政治的立場の担い手が中間階級だとする主張は、古くから数多くみられる。なかでもその先駆者といえるのは、ドイツの社会政策学者グスタフ・シュモラーだろう。雨宮昭彦は彼の一九一八年の論文をもとに、その主張を次のようにまとめている。

シュモラーによると、中間階級（シュモラーの用語では中間身分）は、伝統的には手工業者や農民などだが、ここに新しく職員層や工場親方などの「新中間身分」が加わるようになっている。これらの人々は、次のような特徴をもっている。比較的高い教養と礼節をもっており、営利に走らず、俸給の形で安定した収入を得ており、小規模の財産を有している。社会のあらゆる階層の出身者、とくに中間層出身の有能な人々から成り立っており、より安定した地位、よりよい収入、より高い名誉を求めて闘うという特性をもち、簡単に労働者に同化してしまうことがない。そしてこのような特性をもつ中間階級は、階級闘争において上と下に対して釣り合いをとる重りとなり、双方に対して橋渡しと仲介を演じることができる、というのである。*8

「新中間大衆」論を唱えた村上泰亮も、これに近い立場から、次のように主張している。近代社会では「法の前の平等」の理念が定着し、普通選挙が実現して政治的な平等化が進んだ。しかし、こうなると資本家階級を中心とする上流階級の優位な地位が危うくなるから、社会は不安定化する可能性がある。しかし現実には、社会はそれほど不安定化することがなかった。なぜなら、中流階級がいたからである。ここで中流階級というのは、経済的に一定の豊かさを有し、政治的権利を行使するとともに、行政・企業・地域社会などで管理者的役割を果たし、高い教育を受けて中流の文化を身につけた人々のことである。

そして村上によると、中流階級は政治の場において、一面では労働者階級の要求を代表してこれを推進するが、他面ではこれを抑制する緩衝的な役割も果たす。また「勤勉・節約・効率性」といった近代的な価値観の担い手として、社会を安定化させるのである。[*9]

このような主張は、現代ではきわめてありふれたもので、わざわざ論文や著書などで大上段に論じるのが気恥ずかしくなるのか、著名な著者がこのように主張するのを目にすることは少ない。しかしこれが、ある意味で戦後日本における常識的な見方だったことは、次のような例からも明らかだろう。

一九六〇年に文部省（当時）が告示した高等学校の学習指導要領は、社会科の一教科である「倫理・社会」の「現代社会の特質と文化」という項目で、その具体的な内容を「中間層の拡大、組織の巨大化、マスコミュニケーションなど、大衆社会の諸問題を含めて取り扱う」と定めた。とくに中間層の役割についてどのように記述しろとまで定めたわけではないはずなのに、教科書検定を通過して一九六四年度から採用された教科書には、次のような記述が続出した。[*10]

かれら（ホワイトカラー層）はブルジョアの陣営にも、プロレタリアの陣営にも属さない中間の階層だから、階級的偏見なしに、社会の問題に対して比較的に公正な判断ができる長所をもっており、また数の上から言っても、そうとうの社会的・政治的勢力をもつはずであるから、現代におけるその責任は重大であると言わねばなるまい。［検定番号一三］

新中間階級が政治的に比較的穏健な立場をとり、国民のなかの安定要素のひとつになっている点も見逃せない。［検定番号一二］

おそらく「新中間層」という言葉を与えられたとき、その政治的な役割として教科書の執筆者たちがまず思い浮かべたのが、こうした中間派、穏健保守としての役割だったということだろう。笑えるのは、ある教科書で生徒に与えられた次の課題である。

われわれも、やがて新中間層の一員となるかも知れない。その日のために、これからの新中間層はどうあるべきか、またそれが、民主社会の発展のために受けもつ役割は、どんなものであるかについて真剣に考えてみよう。［検定番号一〇］

当時は日本教職員組合の組織率が高く、左翼的な教師も多かったから、労働者階級の先頭に立つべきだなどという方向に生徒を誘導した教師もいたかもしれないが。

3　社会変革の担い手としての「中流」

「中流」は進歩的な役割を担う

「中流」の政治的役割についてのもうひとつの主張は、「中流」は社会変革の担い手であり、政治的に進歩的な役割を果たすとするものである。

この主張も、古くからみられる。一例として、一八七一年生まれの社会主義者、幸徳《こうとく》秋水《しゅうすい》の著書『社会主義神髄』（一九〇三年）をみよう。幸徳秋水は、大阪で明治期の思想家で「東洋のルソー」とも呼ばれた中江兆民《なかえちょうみん》に学び、東京で新聞記者として勤めたあと政治活動に入り、一九〇三年にやはり社会主義者の堺利彦《さかいとしひこ》とともに『平民新聞』を創刊し、さまざまな活動を展開した。しかし一九一〇年六月、明治天皇の暗殺を計画したという、いわゆる大逆事件で検挙されて死刑判決を受け、翌年処刑された。『社会主義神髄』は日本の初期社会主義を代表する著作だが、ここで幸徳は、次のように論じている。

高尚な品性をもち、偉大な事業を成し遂げるようなすぐれた人物は、社会の最下層からも、富貴の階級からも生まれてこない。なぜなら貧しい人々は常に衣食のためにあくせくしていて、飢えと寒さから逃れることにばかり気をとられているし、豊かな人々は気位だけが高くなり、快楽の奴隷になってしまうからである。だからこうした人物は、貧富の両極端には存在せず、いつも中間の階級から生まれてくる。これらの人々は、資財はあるけれど人を腐敗させてしまうほどではないし、勤労する必要はあるけれどヘトヘトになるほどではなく、知能をみがく余裕があり、心気を奮う機会も多いからである。そして、社会のすべてをこのような中等民族にしようとするのが、社会主義の目的なのだ、と。[*11] 幸徳によると、『平民新聞』の読者と同志は、学生・小商人・労働者がいちばん多く、官吏、会社員、銀行員、女学校、師範学校、警察・軍隊にもいた。[*12] 労働者が具体的にどのような人々だったかはわからないが、最下層ではないはずだから、これらの人々はほぼ中間階級だったとみていいだろう。

大杉栄「中間階級が社会の新しい主人になる」

同様の例としては、明治から大正にかけて活動し、関東大震災に際して東京憲兵隊の甘《あま》粕正彦《かすまさひこ》らによって虐殺された、無政府主義者の大杉栄《おおすぎさかえ》を挙げることができる。大杉は一九一二年、雑誌『近代思想』を創刊して言論活動を展開したが、ここに掲載されたいくつかの論文で、次のように論じている。

古来から人類の社会はある種族が他の種族を征服するということを繰り返してきた。そして征服者は、被征服者を統治するために、被征服者のなかの知識のある人々を仲間に引き入れ、特権を与えて協力させるようになった。そして現代社会は、資本家階級という征服階級と労働者階級という被征服階級の両極に分かれている。両者の中間にいる中間階級は、かつての被征服者のなかの協力者と同様に、支配の協力者・補助者となっている。

しかし征服と被征服の関係が続くうち、被征服者は疲弊し、自我を失って奴隷となり、堕落し腐敗してしまう。他方の征服者も、奴隷が堕落し腐敗するにつれて、自らも堕落し腐敗してしまう。このように両極で「生の毀損」が起き、社会が壊滅しそうになるとき、革命が起こる。比較的健全な生を有する中間階級がイニシアチブをとり、被征服階級の救済を掲げて被征服者の援助を得るか、あるいは被征服階級の反乱を利用するかして、革命を引き起こすのである。こうして中間階級が、社会の新しい主人になる。人類の歴史はこの繰り返しである。

しかし近代社会では、この征服というものが絶頂に達し、征服階級も被征服階級も、そして中間階級も、征服というものに耐えられなくなっている。こうして、「征服階級はその過大なるあるいは異常なる生の発展にみずから苦悩し出して来た。被征服階級はその圧迫せられたる生の窒息にみずから苦悩し出して来た。そして中間階級はまた、この両階級のいずれもの苦悩に襲われて来た。これが近代の生の悩みの主因である」。だから、いまやわれわれは、この征服というもののそのものに対して反逆しなければならない、と無政府主義者らしく結論するのである。[*13] 大杉は明示していないが、当然、この反逆の中心も中間階級だろう。

社会運動と新中間階級

一九六〇年代になると、社会変革の中心的な主体は、伝統的な労働者階級ではなく、新中間階級だとする見解が数多く現れてきた。

フランスの左翼労働運動の理論的指導者だったセルジュ・マレは、研究・開発・監督などを担う人々を「新しい労働者階級」と呼んでいる。マレによると、現代においてはこれらの人々が働く部門の重要性が高まり、専門的な知識や技術を有するこれらの人々の創意や責任はますます重要になっている。にもかかわらず組織はあいかわらず、特権的な人々の身分を保護するために官僚主義的な構造のまま維持されている。このため、比較的賃金が高く、基礎的要求をすでに充足されている「新しい労働者階級」は、古い管理の方式に異議を申し立て、自主管理などのより高次な要求を掲げてたたかうようになる。こうして、かつて労働運動の中心的な担い手が、非熟練労働者ではなく熟練労働者だったのと同じ意味で、これからの労働運動の中心的な担い手は「新しい労働者階級」になる、というのである。

マレがこのように主張した背景には、一九六八年に五月革命という形でピークを迎えた、フランスの学生や若い労働者たちの社会運動があった。知的な学生たちは、たとえば「科学研究の未来の単能工たち」や、「コンピューターの操作係的な数理経済学者たち」であり、未来の「新しい労働者階級」だった。こうして「学生－労働者同盟」が形成されうることを、五月革命は象徴していた、というのである。*14

新中間階級の政治的役割を、労働運動との関わりで論じたマレに対して、社会学者のアラン・トゥレーヌは、その役割は生産領域に限られるのではなく、情報、教育、消費など社会のあらゆる領域で発揮されると考えた。トゥレーヌによると現代の先進社会は、経済的権力が生産領域のみならず、個人の生活と集団的活動のあらゆる側面を支配・管理するような社会（これを彼は「プログラム化社会」と呼ぶ）である。ここで人々の直面する最大の問題は、経済的な搾取ではなく、支配のメカニズムに統合され利用され、疎外されることである。「われわれは搾取の社会から出て疎外の社会に入ったのだ」。このため人々の抵抗は、経済的な要求を掲げる労働運動ではなく、むしろ政治的・文化的行動という性格をもつようになる。

それでは、そのような運動の担い手は誰か。トゥレーヌによると、それは、支配に対する従属度のもっとも大きい下層の人々ではない。これらの人々は依然として搾取されているために、要求は物質的な生存条件の問題に限られてしまい、積極的な異議申し立てにまでは進まない。担い手となるのは、より高い生活水準と教育水準をもち、あるいは労働市場でより強力な位置を占めるような人々、つまり知識人や熟練労働者、そしてさらに高い地位にあって、専門的職業人としての役割と支配の責任者としての役割の間の矛盾に悩む人々（トゥレーヌはこれらの人々を「対抗エリート」と呼ぶ）である。トゥレーヌはこれらの人々が展開するであろう社会運動を「新しい社会運動」と呼んだ。[*15]

さらに新中間階級を人間解放の担い手として強く鼓舞しようとしたのは、米国の社会学者アルヴィン・グールドナーである。彼によると現代は、古い階級と新しい階級が競争を展開している社会である。ここで古い階級とは生産手段の法的な所有者、つまり資本家階級のことであり、新しい階級とは知識や技術にもとづいて、生産手段を実質的に自分のものとしつつある人々、つまり新中間階級のことである。新しい階級は、労働者階級とは違って自らの労働内容と労働環境を自分で管理している。つまり自主管理を実現できる可能性のある階級である。また新しい階級は「批判的言説の文化」をもっていて、学問の自由、消費者の権利、政治倫理の確立、環境保護、女性解放などのさまざまな分野で、古い階級と対立している。このように新しい階級は、差別や抑圧に反対する「普遍的階級」という性格を備えているため、人間解放の中心的な担い手となりうる、現代社会のもっとも進歩的な勢力だというのである。そして新しい階級は、古い階級に対抗するために、福祉国家的な、あるいは社会主義的な政策を掲げて、ときには労働者階級と連帯するだろう、という。[*16]

以上のような主張は、戦後日本の社会運動の歴史をみれば、納得できる部分も多い。新中間階級が、しばしば中心的な役割を果たしてきたからである。敗戦直後の民主化の過程では、ホワイトカラーである事務職員の多くが労働組合運動で指導的な役割を担い、戦前期にあった職員と工員の間の大きな格差を縮小し、企業内の民主化を進めた。格差が縮小すれば、結果的に自分たちの待遇が相対的に低下するにもかかわらず、である。[*17] その後の平和運動でも、また反公害運動でも、近年の反原発運動や安保法制反対運動でも、中心的な役割を担ってきたのは高学歴の新中間階級、あるいはその妻である専業主婦たちだったといっていい。

4　政治意識からみた三つのグループ

現代日本の「中流」意識とは

(1) 意識に関する五つの尺度

これまでさまざまな論者が、「中流」をファシズムの支持基盤と考えたり、自由主義や穏健保守の支持基盤と考えたり、さらには社会変革の担い手と考えたりしてきたことをみてきた。それでは現代日本の「中流」の人々は、このうちのどれに近いのだろうか。データをもとに、考えてみよう。

使用するデータは、二〇一六年首都圏調査データである。図表5－1から図表5－5は、分析に用いた設問と、その回答分布を示したものである。

図表5－1は、格差拡大についての認識を尋ねたものである。「日本では以前と比べ、貧困層が増えている」に対しては、一八・五％が「とてもそう思う」、四七・九％が「や

やそう思う」と答えていて、貧困層が増えているという認識がかなり広まっていることがわかる。さらに「いまの日本では収入の格差が大きすぎる」に対しては、「とてもそう思う」が二四・七％、「ややそう思う」が五五・一％と比率が大きくなり、「格差が大きすぎる」という認識は、日本人の間にすっかり定着しているとみてよさそうだ。

図表5－2は、自己責任論を支持するかどうかである。「貧困になったのは努力しなかったからだ」と、貧困は自己責任だとする考え方について「とてもそう思う」と答える人は五・五％ときわめて少ないが、「ややそう思う」の三三・三％と合わせれば、支持する人は四割弱ということになる。このちょうど裏返しの考え方となる「努力しさえすれば、誰でも豊かになることができる」に対しても、「とてもそう思う」という人は四・六％と少なく、「ややそう思う」も三四・七％にとどまる。

図表5－3は、格差を縮小し貧困を解消するための所得再分配政策を支持するかどうかである。「政府は豊かな人からの税金を増やしてでも、恵まれない人への福祉を充実させるべきだ」では、「とてもそう思う」が二〇・六％、「ややそう思う」が四二・四％となっており、所得再分配がかなり広く支持されていることがわかる。「理由はともかく生活に困っている人がいたら、国が面倒をみるべきだ」は、怠惰や浪費など、本人に責任がある

ケースを含めて貧困を救済すべきだという論点を含むので、支持する人の比率が小さくなるが、それでも「とてもそう思う」が八・九%、「ややそう思う」が三六・七%で、半数近くの人が支持していることがわかる。

図表5－4は、外国人を排斥したり、中国と韓国の日本批判を受け入れない態度である。「自分の住む地域に外国人が増えてほしくない」では、一〇・八%が「とてもそう思う」、三八・六%が「ややそう思う」と答えていて、約半数の人が自分の家の近くで外国人が増えるのを嫌がっているという結果になった。また「中国人・韓国人は日本を悪く言いすぎる」については、三五・八%もが「とてもそう思う」、四三・三%が「ややそう思う」と答えており、中国と韓国の日本批判に対して約八割までが反発を感じているということがわかる。調査が実施されたのが、ちょうど中国の軍艦や漁船などが尖閣《せんかく》諸島付近に侵入した時期と重なっていたことも影響したかもしれないが、ややショッキングな結果となった。

図表5－5は、日本の軍備と防衛についてである。選択肢はこれまでと異なり、三つとなっている。「日本国憲法を改正して、軍隊をもつことができるようにした方がいい」に対しては、「そう思う」と答える人は一三・九%で、「そう思わない」が五四・四%に上っているのと比べれば圧倒的に少数派となっている。しかし「どちらともいえない」と答え

図表5-1　格差拡大についての認識

(1)日本では以前と比べ、貧困層が増えている

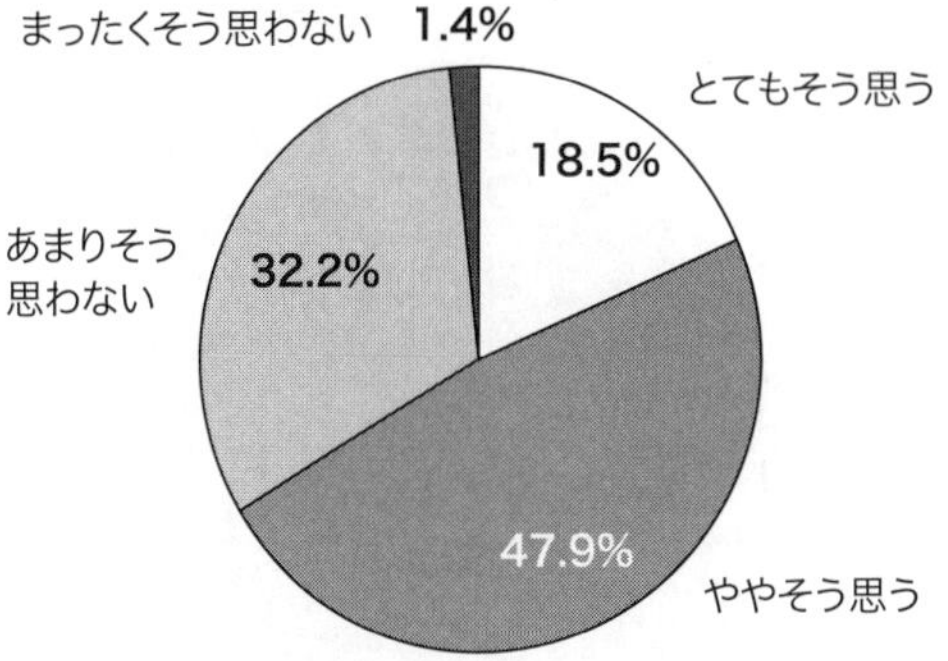

(2)いまの日本では収入の格差が大きすぎる

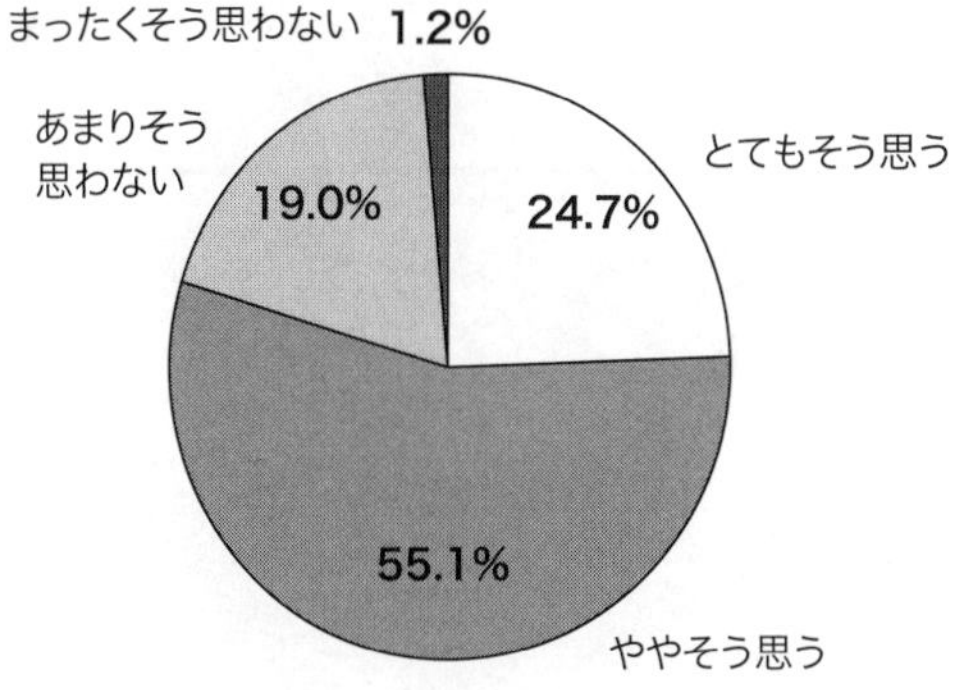

出典）2016年首都圏調査データより算出。

図表5-2　自己責任論を支持するか

(1)貧困になったのは努力しなかったからだ

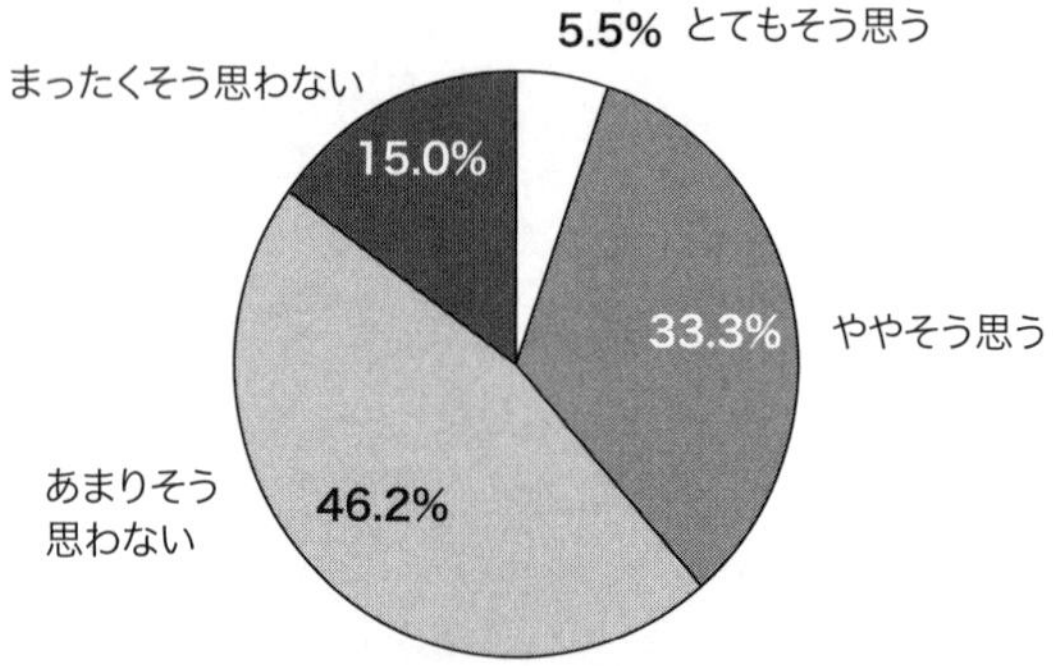

(2)努力しさえすれば、誰でも豊かになることができる

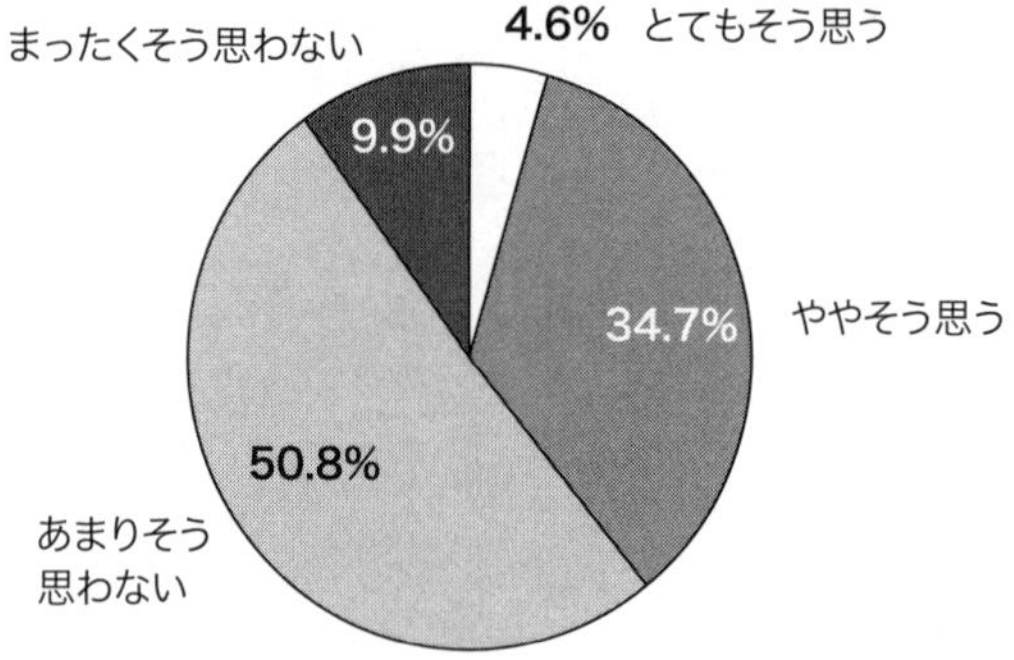

出典)2016年首都圏調査データより算出。

図表5-3　所得再分配を支持するか

(1)政府は豊かな人からの税金を増やしてでも、恵まれない人への福祉を充実させるべきだ

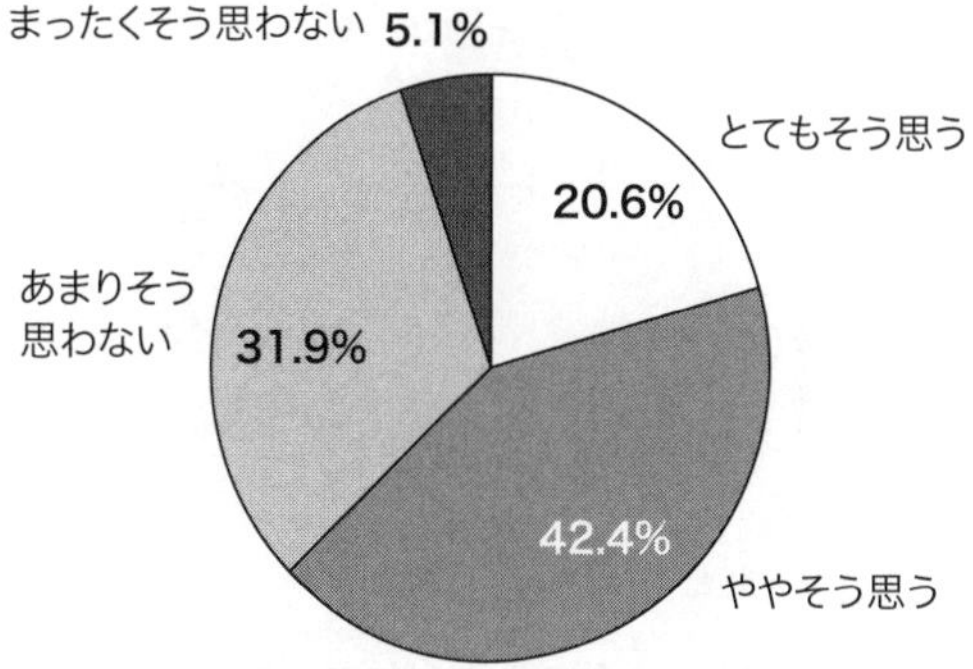

(2)理由はともかく生活に困っている人がいたら、国が面倒をみるべきだ

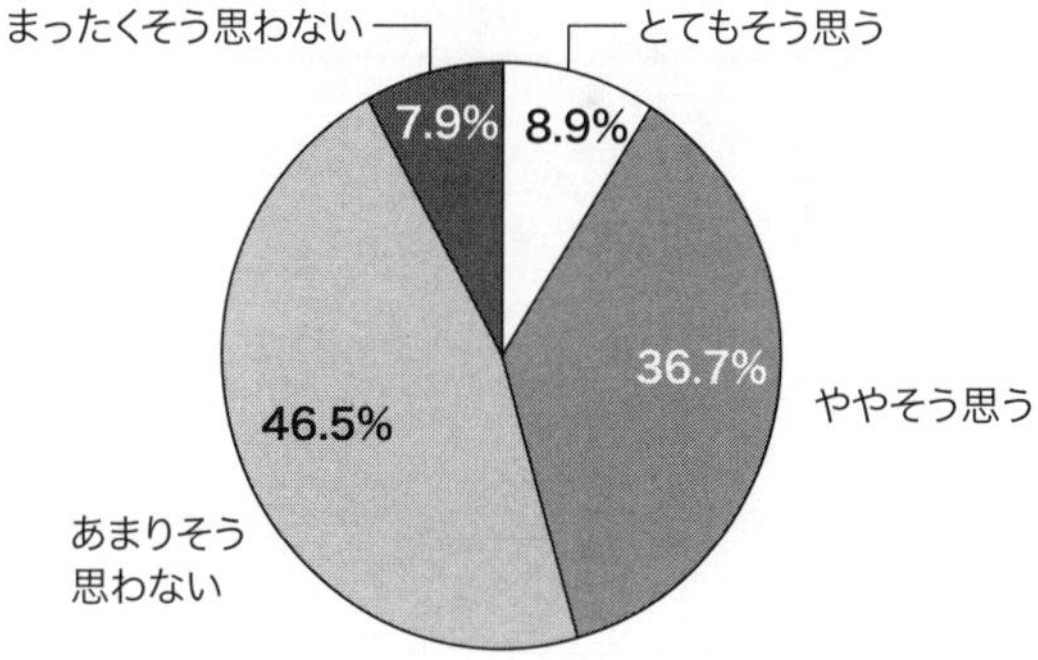

出典)2016年首都圏調査データより算出。

図表5-4　排外主義的な傾向

(1)自分の住む地域に外国人が増えてほしくない

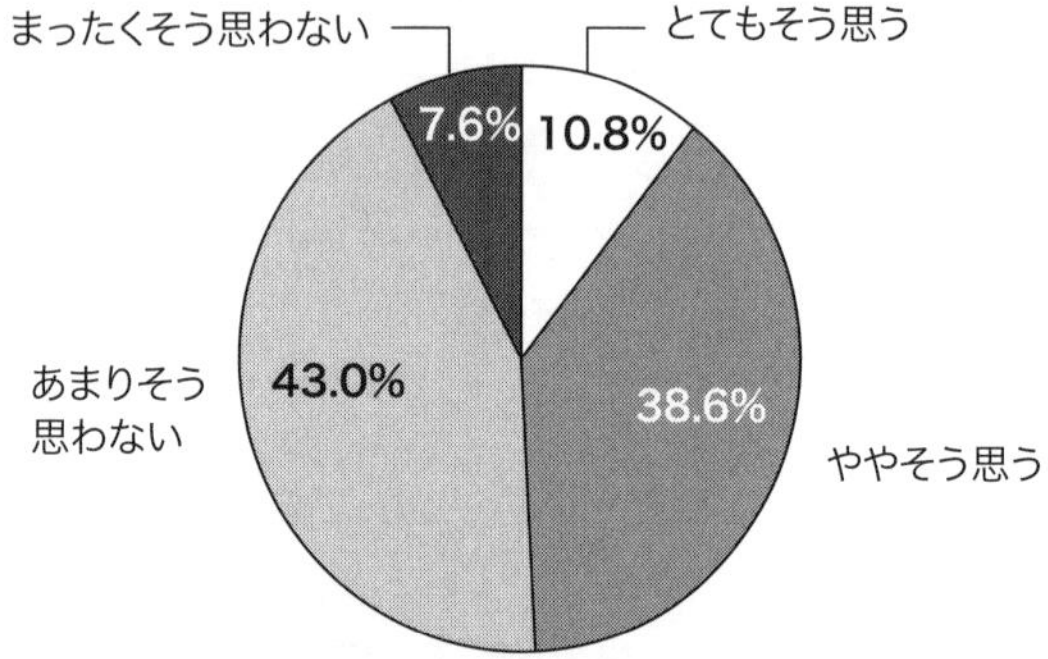

(2)中国人・韓国人は日本を悪く言いすぎる

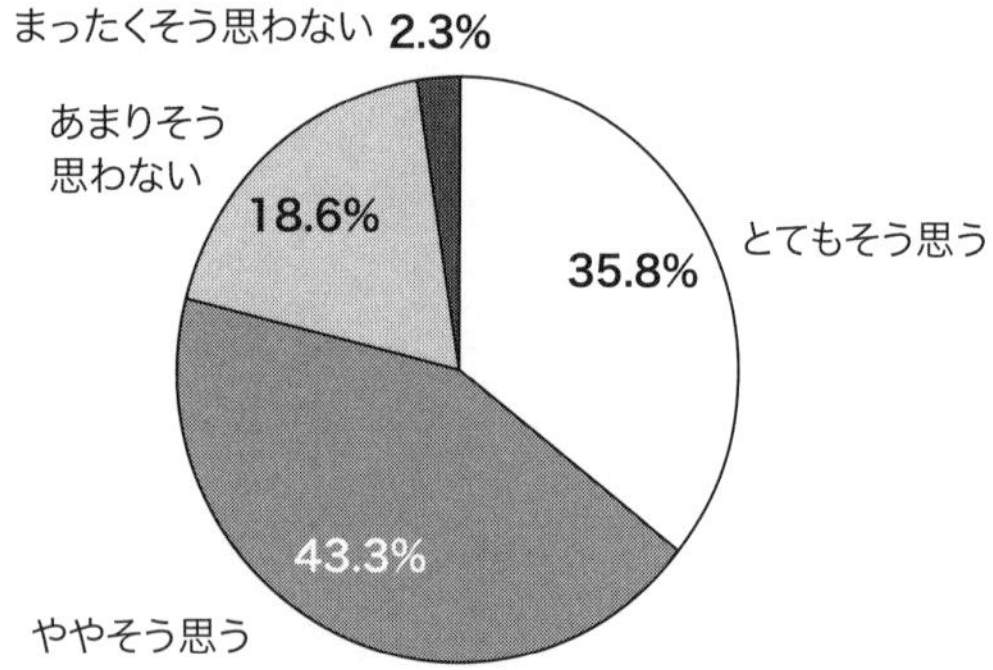

出典)2016年首都圏調査データより算出。

図表5-5　憲法九条改正と米軍基地

(1)日本国憲法を改正して、軍隊をもつことができるようにした方がいい

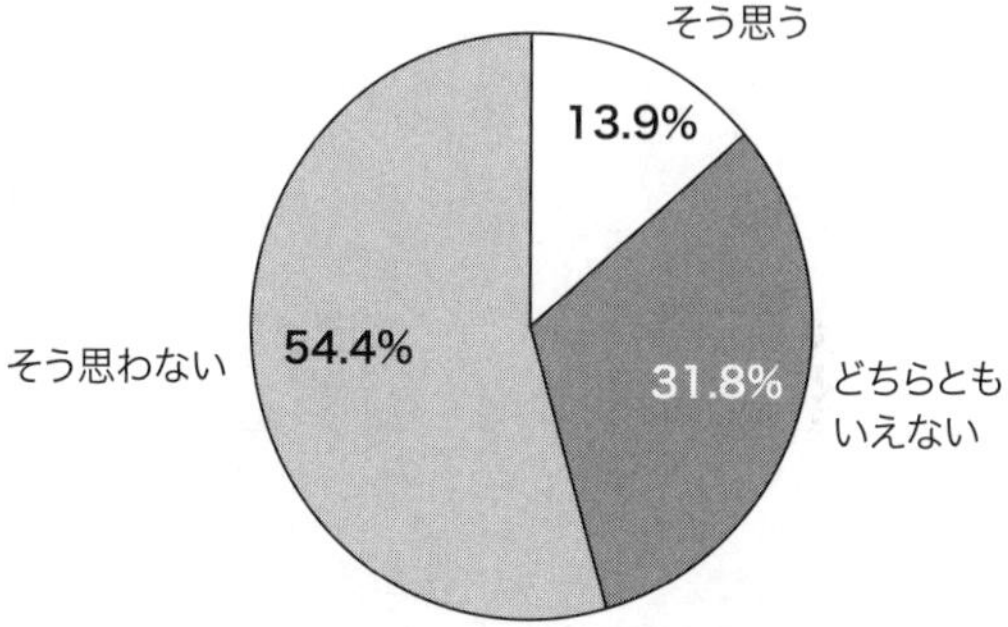

(2)沖縄に米軍基地が集中していても仕方がない

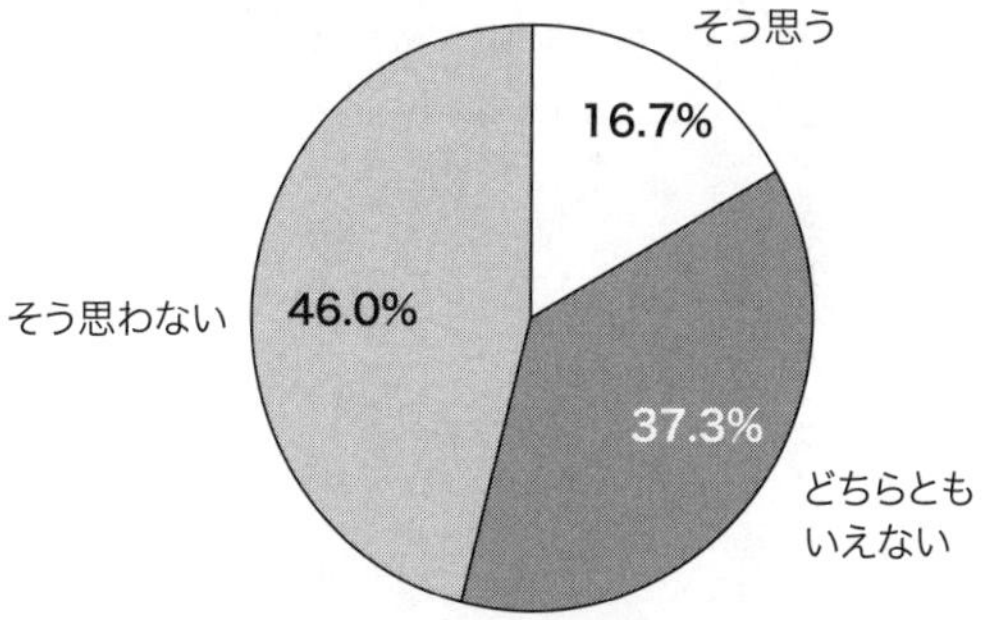

出典)2016年首都圏調査データより算出。

た三一・八％を「改憲容認」と考えれば、賛成と容認の合計は半数に近いとみることもできる。「沖縄に米軍基地が集中していても仕方がない」と答えた人も一六・七％と少なく、少数派といっていいが、「どちらともいえない」が三七・三％いて、「そう思わない」が四六・〇％と半数以下になっていることを考えれば、世論は割れているとみるべきだろう。

設問の数が一〇問もあって多いので、ここで次のような分析を行うことにしよう。各図表の二つの設問は、それぞれよく似た趣旨なので、これを合算して点数化する。たとえば図表5－1の二つの設問の場合は、二問とも「まったくそう思わない」の場合は〇点、二問とも「とてもそう思う」の場合は六点とする。図表5－2から図表5－4までも同じである。図表5－5の二問は選択肢が三つなので、二問とも「そう思わない」の場合は〇点、二問とも「そう思う」の場合は四点となる。

こうしてできあがった尺度を、それぞれ「格差拡大認識」「自己責任論」「再分配支持」「排外主義」「軍備重視」と呼ぶことにする。「再分配支持」「排外主義」「軍備重視」の三つは、直接に政治意識を測定したものといっていい。しかし「格差拡大認識」「自己責任論」の二つも、政治意識の一部である。というのは、格差が拡大していると認識していれば再分配を支持する可能性が高まるし、自己責任論を支持していれば、政治は格差の問題

図表5-6　階級別にみた政治意識

	格差拡大認識	自己責任論	再分配支持	排外主義	軍備重視
資本家階級	3.56	2.98	2.92	3.74	1.37
新中間階級	3.75	2.64	2.99	3.68	1.36
労働者階級	3.98	2.63	3.44	3.72	1.29
旧中間階級	3.89	2.70	3.39	3.56	1.56
全体	3.85	2.66	3.23	3.69	1.34

出典）2016年首都圏調査データより算出。
注）数字は図表5-1から図表5-5の設問への回答をスコア化したもので、「格差拡大認識」「自己責任論」「再分配支持」「排外主義」は6点満点、「軍備重視」は4点満点。

に介入しなくていいと考える可能性が高まるからである。その意味で五つの尺度は、格差の問題に重点をおきながら、人々の政治意識を測定する尺度だといっていい。

図表5－6は、四つの階級別に、それぞれの平均点をみたものである。[*18]

「格差拡大認識」の全体平均点は三・八五点である。もっとも高いのは労働者階級で三・九八点、もっとも低いのは資本家階級で三・五六点となった。豊かな階級は格差拡大の事実を認めたがらず、貧しい階級は格差拡大を実感しているという、わかりやすい結果である。旧中間階級は三・八九点と労働者階級にかなり近く、新中間階級は三・七五点と中間的である。

「自己責任論」の全体平均点は二・六六点である。

もっとも高いのは資本家階級で二・九八点、もっとも低いのは労働者階級で二・六三点となった。豊かな階級は自分が豊かなのは自分の努力によるものと考え、貧しい階級はそう考えず、貧困も自己責任と考えないという、これもわかりやすい結果である。新中間階級は二・六四点、旧中間階級は二・七〇点で、いずれも労働者階級に近い。

「再分配支持」の全体平均点は三・二三点である。もっとも高いのは労働者階級で三・四四点、もっとも低いのは資本家階級で二・九二点である。ここでは新中間階級と旧中間階級が大きく分かれ、新中間階級は二・九九点と資本家階級にかなり近くなっているのに対し、旧中間階級は三・三九点で、労働者階級に近い。

「排外主義」の全体平均点は三・六九点である。もっとも高いのは資本家階級で三・七四点、もっとも低いのは旧中間階級で三・五六点だった。しかし階級による違いはあまり大きくないといっていいだろう。

「軍備重視」の全体平均点は一・三四点である。もっとも高いのは旧中間階級で一・五六点、もっとも低いのは労働者階級で一・二九点だった。新中間階級は一・三六点で、一・三七点の資本家階級とともに中間的である。

(2)「中流」のなかの三つのグループ

次に「中流」の人々の意識の特徴をみるため、次のような分析を行うこととした。いま手元には、人々の意識に関する五つの尺度がある。しかしこれらの五つの尺度は、たとえば「自己責任論」を支持する人は「所得再分配」を支持しないとか、「排外主義」を支持する人は「軍備重視」も支持するというように、相互に関連している。だからひとつひとつ集計してみていくより、五つの尺度全部を同時に使って、人々を意識の傾向のよく似たいくつかのグループに分けた方が、全体の傾向をつかみやすい。

こういう分析のためによく使われる統計学的な手法が、クラスター分析である。クラスターとは「群れ」という意味で、花や果物の「房」、星が集まった「星団」などを指すのにも使われる。クラスター分析は、傾向のよく似た回答者をひとまとめのクラスターとみなし、さらによく似たクラスターを統合していって、最終的に数個から十個程度のクラスターにまとめあげていくというもので、マーケティングの分野で消費者を分類するのによく使われる。先の五つの尺度を用いて回答者をクラスター分析にかけた結果、回答者が三つのクラスターに分類できることがわかった。図表5-7は、五つの尺度の平均点と政党支持率を、クラスターごとに示したものである。

図表5-7　3つのクラスターの政治意識

	クラスター1（新自由主義右翼）	クラスター2（穏健保守）	クラスター3（リベラリスト）	全体
全体に占める比率	10.2%	38.9%	50.9%	100.0%
格差拡大認識	3.41	3.52	4.19	3.85
自己責任論	3.30	2.81	2.48	2.69
再分配支持	2.46	3.04	3.56	3.25
排外主義	4.33	3.61	3.60	3.68
軍備重視	3.60	1.98	0.41	1.34
自民党支持率	63.2%	32.4%	15.2%	26.9%
その他の政党支持率	3.7%	10.6%	14.9%	12.1%
支持政党なし	33.1%	56.9%	69.9%	61.0%
合計	100.0%	100.0%	100.0%	100.0%

出典）2016年首都圏調査データより算出。

注）「格差拡大認識」「自己責任論」「再分配支持」「排外主義」は6点満点、「軍備重視」は4点満点のスコア。クラスター分析では、すべてスコアを0から1までに変換して用いた。ユークリッド平方距離にもとづくグループ内平均連結法による。

一番目のクラスターは、実に個性的である。全体に占める比率は一〇・二％と少ないが、自己責任論を支持する傾向がきわめて強く、反対に所得再分配を支持する傾向は非常に弱く、排外主義的な傾向と軍備重視の傾向がきわめて強い。具体的な数字をみると、「貧困になったのは努力しなかったからだ」と考える人（「とてもそう思う」と「ややそう思う」の合計）は六四・

五%、「理由はともかく生活に困っている人がいたら、国が面倒をみるべきだ」と考える人（同上）はわずか二〇・一%、「中国人・韓国人は日本を悪く言いすぎる」と考える人は九二・九%、「日本国憲法を改正して、軍隊をもつことができるようにした方がいい」に「そう思う」と答えた人は七五・一%、「沖縄に米軍基地が集中していても仕方がない」では八五・二%にも上っている。そして自民党支持率は六三・二%と極端に高い。

二番目のクラスターは、全体の三八・九%を占める。格差拡大に対する認識は一番目のクラスターとほぼ同じだが、自己責任論を支持する傾向と所得再分配を拒否する傾向は、一番目のクラスターほど強くない。排外主義的な傾向は弱く、軍備重視の傾向もあまり強くない。具体的な数字でいえば、「日本国憲法を改正して、軍隊をもつことができるようにした方がいい」に「そう思う」と答えた人は一六・三%と少ないが、「そう思わない」も二五・六%と少なく、「どちらともいえない」が五八・一%と多数を占めている。「沖縄に米軍基地が集中していても仕方がない」も同様の傾向で、「そう思う」「そう思わない」がそれぞれ二一・六%、一四・八%と少なく、「どちらともいえない」が六三・七%に上っている。自民党支持率は三二・四%だが、その他の政党の支持率は一〇・六%と低いので、自民党色が強いといっていい。

三番目のクラスターは、全体の五〇・九%を占める最大のクラスターである。格差は拡大していると考える傾向が強く、自己責任論を支持する傾向は弱く、所得再分配を支持する傾向が強い。そして排外主義的な傾向は弱く、軍備重視の傾向は、きわめて弱い。具体的な数字をみると、「いまの日本では収入の格差が大きすぎる」と考える人が八八・〇%と多く、「貧困になったのは努力しなかったからだ」と考える人は三四・九%と少ない。「政府は豊かな人からの税金を増やしてでも、恵まれない人への福祉を充実させるべきだ」と考える人は七二・六%にも上っており、「理由はともかく生活に困っている人がいたら、国が面倒をみるべきだ」と考える人も五四・五%と過半数に達する。そして「日本国憲法を改正して、軍隊をもつことができるようにした方がいい」に対しては八五・二%が、「沖縄に米軍基地が集中していても仕方がない」に対しては七六・七%が「そう思わない」と答えている。自民党支持率は一五・二%と低いが、その他の政党の支持率も一四・九%と低く、六九・九%が無党派である。

先にみた新中間階級の政治的立場に関する三つの仮説を念頭におきながら、三つのクラスターのネーミングを考えてみよう。

一番目のクラスターは、排外主義的で軍備を重視するという点ではファシズムに近いといえるが、貧困を自己責任と考え、政府による所得再分配に反対するという点ではファシズムとは立場が違い、むしろ新自由主義的だといえる。しかし少数派でかなり極端な政治的立場をとるという意味では、強いネーミングがほしい。ふさわしいのは「新自由主義右翼」だろう。

二番目のクラスターは、自民党色が強く、憲法改正による軍隊の保持と、米軍基地の沖縄への集中を、積極的に支持するわけではないものの、容認している。しかし半面、自己責任論的傾向は強くないし、所得再分配もある程度までは支持しており、排外主義的な傾向は三番目のクラスターと同じくらい弱い。「穏健保守」といっていいだろう。

三番目のクラスターは、いまの日本では格差が拡大していると考え、自己責任論を拒否し、所得再分配を支持する傾向が強い。そして排外主義的な傾向は弱く、憲法改正と米軍基地の沖縄への集中を強く拒否している。しかし全体の半数を占める大きなグループだから、社会変革を目指しているというような、強いニュアンスをもつネーミングにはふさわしくない。ふさわしいのは「リベラリスト」だろう。

クラスター分析によって、私たちは三つの仮説にそれぞれかなり近い、三つのグループを抽出できたことになる。図表5-8は、四つの階級の人々がどのグループに何%ずつ分

図表5-8　各階級のクラスター別構成

		新自由主義右翼	穏健保守	リベラリスト	合計
男女計	資本家階級	12.9%	37.6%	49.5%	100.0%
	新中間階級	13.3%	38.3%	48.4%	100.0%
	労働者階級	7.3%	40.8%	52.0%	100.0%
	旧中間階級	15.8%	37.7%	46.5%	100.0%
	全体	10.9%	39.3%	49.8%	100.0%
男性	資本家階級	15.4%	40.0%	44.6%	100.0%
	新中間階級	19.0%	41.4%	39.6%	100.0%
	労働者階級	8.5%	43.9%	47.6%	100.0%
	旧中間階級	20.5%	35.9%	43.6%	100.0%
	全体	14.6%	41.8%	43.7%	100.0%
女性	資本家階級	7.1%	32.1%	60.7%	100.0%
	新中間階級	4.0%	33.3%	62.6%	100.0%
	労働者階級	5.7%	36.7%	57.6%	100.0%
	旧中間階級	5.6%	41.7%	52.8%	100.0%
	全体	5.1%	35.5%	59.4%	100.0%

出典）2016年首都圏調査データより算出。

類されたかを示したものである。構成比は男女でかなり違うので、男女別も示しておいた。

「新自由主義右翼」は旧中間階級でもっとも多く（一五・八%）、労働者階級は少ない（七・三%）。資本家階級と新中間階級は一三%程度で並んでいる。しかし男女別にみると男性の方が明らかに多く、男性では全体で一四・六%、新旧の中間階級では二〇%前後に達している。これに対して女性は全体に少なく、とくに新中間階級はわずか四・〇%である。

「穏健保守」はあまり階級による違いがなく、もっとも多い労働者階級で四〇・八%、他は三八%前後で並んでいる。男女別では男性の方がやや多いが（四一・八%、女性は三五・五%）、旧中間階級だけは女性の方が多くなっている（男性三五・九%、女性四一・七%）。

「リベラリスト」は労働者階級がもっとも多く（五二・〇%）、旧中間階級がもっとも少なく（四六・五%）、資本家階級と新中間階級は四九%前後で並んでいる。しかし男女差が大きく、男性では全体で四三・七%に過ぎないのに対して、女性は五九・四%と六割に迫っている。特徴的なのは新中間階級男性で、三九・六%と四割を切っている。また旧中間階級も四割台前半と少なめになっている。

5 「中流」の三つのタイプ

現代日本の「中流」の政治意識

それでは次に、「中流」の人々の政治意識についてみていくことにしよう。先にみたように政治意識は性別による違いが大きいので、第4章のように夫婦をセットにして分析するのには適さない。あくまでも個人単位でみていくべきだろう。しかし専業主婦やパート主婦を無視するわけにはいかない。ただし首都圏で行われた調査だけあって、旧中間階級は比率そのものが小さいので、旧中間階級の夫をもつパート主婦や専業主婦については、十分な数の回答者が得られていない。また二〇一五年SSM調査と違って、調査対象者が六九歳までなので、退職者の回答は非常に少ない。そこでここでは、新中間階級または旧中間階級として働いている有職者と、新中間階級の夫をもつパート主婦および専業主婦を分析対象とすることにしよう。

図表5－9は、三つのクラスターの基本属性をみたものである。分析対象を「中流」に

図表5-9　3つの「中流」の属性比較

	中流右翼	中流保守	中流リベラル
「中流」に占める構成比	12.3%	38.3%	49.3%
女性比率	15.4%	43.1%	55.8%
平均年齢	47.2歳	46.0歳	46.2歳
大卒者比率	87.9%	76.2%	76.0%
平均世帯年収	928万円	895万円	886万円
男性の平均BMI	23.7	23.2	22.9

出典）2016年首都圏調査データより算出。
注）「大卒者比率」には短大・高専を含む。

図表5-10　3つの「中流」の支持政党

	中流右翼	中流保守	中流リベラル
自民党	60.2%	33.2%	10.5%
その他の政党	3.4%	8.8%	13.6%
支持政党なし	36.4%	58.0%	75.9%
合計	100.0%	100.0%	100.0%

出典）2016年首都圏調査データより算出。

限っているので、それぞれのネーミングは「中流右翼」「中流保守」「中流リベラル」とした。「中流」に占めるそれぞれの構成比は、一二・三％、三八・三％、四九・三％である。

女性比率は「中流右翼」がきわだって低く、一五・四％である。中流の女性は、基本的に右翼にはなりにくいようだ。もっとも高いのは「中流リベラル」で、五五・八

%が女性である。

平均年齢には大きな差がないが、「中流右翼」が他よりもわずかに高い。

大卒者比率にはある程度の差があり、「中流右翼」が八七・九%と高く、「中流保守」は七六・二%、「中流リベラル」は七六・〇%とやや低い。平均世帯年収は、「中流右翼」がやや高く九二八万円となっている。あまり大きな差があるわけではないが、学歴・職業のいずれからみても、「中流右翼」は、階層的にわずかに上に位置する人が多いようだ。

中流右翼	中流保守	中流リベラル
59.3%	67.5%	84.9%
67.0%	44.9%	31.6%
36.3%	50.9%	71.7%
65.9%	39.2%	28.6%
79.1%	12.7%	1.1%
84.6%	23.3%	1.4%
76.4%	46.2%	24.5%
68.5%	41.2%	18.7%
56.2%	30.3%	24.3%
25.3%	27.5%	49.0%
48.4%	26.2%	13.8%
63.7%	57.2%	45.1%

図表5-11　3つの「中流」の政治意識

①いまの日本では収入の格差が大きすぎる
②貧困になったのは努力しなかったからだ
③政府は豊かな人からの税金を増やしてでも、恵まれない人への福祉を充実させるべきだ
④中国人・韓国人は日本を悪く言いすぎる
⑤日本国憲法を改正して、軍隊をもつことができるようにした方がいい
⑥沖縄に米軍基地が集中していても仕方がない
⑦共産党に反感を持つ人の比率
⑧安倍晋三に好意的な人の比率
⑨経済に対する政府の規制はできるだけ少ない方がいい
⑩日本は原子力発電所をゼロにすべきだ
⑪戦争は人間の本能によるものだからなくすことはできない
⑫同性愛は好ましいことではない

出典）2016年首都圏調査データより算出。

注）①〜③は「とてもそう思う」「ややそう思う」の合計。④は「とてもそう思う」の比率。⑤と⑥は「そう思う」の比率。⑦は「どちらかといえば反感を持っている」「反感を持っている」の合計。⑧は「好意を持っている」「どちらかといえば好意を持っている」の合計。⑨〜⑪は「そう思う」の比率。⑫は「そう思う」「どちらかといえばそう思う」の合計。

意外だったのは、男性の体型である。肥満の目安になるとされるＢＭＩ（体重を身長の二乗で割ったもの）の平均値をみると、「中流右翼」が二三・七と高く、「中流リベラル」は二二・九と低い。この両者には、六％水準で統計的な有意差がある。ちなみにＢＭＩが肥満の目安とされる二五以上の人の比率は、「中流右翼」が二三・三％、「中流保守」が一六・〇％、「中流リベラル」は一四・〇％で、カイ二乗検定を行うと「中流右翼」と他の二つの間には、五％水準で統計的な有意差が認められる（女性ではこのような違いがない）。

図表５－10は、三つのクラスターの支持政党である。「中流右翼」は自民党が六〇・二％と圧倒的に多い。「中流保守」は自民党が三二・二％と多く、その他の政党は八・八％にとどまる。「中流リベラル」は自民党が一〇・五％と少ないが、その他の政党も一三・六％と少なく、七五・九％までが無党派である。ちなみに自民党以外の支持率は、民進党（調査当時）が七・二％、共産党が三・三％などとなっている。

図表５－11は、クラスター分析に用いた設問を含め、広い意味での政治意識に関する回答を、クラスター別にみたものである。三つのクラスターのあまりに大きな違いに、唖然《あぜん》としてしまう。

経済格差が大きいことを認めない「中流右翼」

「中流右翼」は、日本の経済格差が大きいということを認めない傾向がある。貧困な人がいたとしても、それは自己責任だと考え、所得再分配を支持する人は三人に一人程度しかいない。「中国人・韓国人は日本を悪く言いすぎる」に対して「とてもそう思う」と考える人が、三人に二人までを占めている。「日本国憲法を改正して、軍隊をもつことができるようにした方がいい」にはほぼ八割までが賛同している。しかし沖縄に米軍基地が集中していてもいいと考えているところをみると、自分の地域に米軍が駐留することに対しては消極的のようだ。四人に三人以上が共産党に反感をもっており、七割近くは安倍首相に好意的である。経済に対する政府の規制には消極的で、自己責任論的な傾向とあわせて、新自由主義的傾向が強いことを示している。原子力発電所をゼロにすることには消極的である。そして約半数の人が戦争は人間の本能によるものだと考えており、ほぼ三人に二人は同性愛を好ましくないと考えている。ちなみに⑪と⑫の項目は、ドイツの社会学者テオドール・アドルノが、ファシズムを支持しやすい権威主義的な傾向を測定するために考案した「Fスケール」の一部を、わかりやすく翻案したものである。

同性愛に寛容な「中流リベラル」

これに対して「中流リベラル」は、日本の経済格差は大きすぎると考えている。貧困は自己責任だと考える人はわずか三割程度にとどまり、七割以上の人が所得再分配政策を支持している。「中国人・韓国人は日本を悪く言いすぎる」に対して「とてもそう思う」と考える人は三割未満にとどまっている。「日本国憲法を改正して、軍隊をもつことができるようにした方がいい」「沖縄に米軍基地が集中していても仕方がない」に賛同する人はほぼ皆無で、「中流右翼」とのコントラストが実に鮮やかだ。共産党に反感をもつ人は四人に一人程度にとどまっており、いわゆる「共産党アレルギー」の傾向は弱い。原子力発電ゼロには、約半数が賛同している。そして戦争は人間の本能だという考えを支持する人は一割強にとどまり、同性愛にはかなり寛容である。

右翼とリベラルの中間の「中流保守」

「中流保守」は両者の中間である。ここに掲げた数字からみると、憲法改正と沖縄基地では「中流リベラル」に近いようにもみえるが、実はこの二つに対しては、それぞれ五九・

〇％、六四・〇％が「どちらともいえない」と答えている。この比率は「中流リベラル」ではわずか一二・一％と二二・三％だから、明らかに異なる。大部分の項目では文字通り中間といってよく、強いていえば「貧困になったのは努力しなかったからだ」と「経済に対する政府の規制はできるだけ少ない方がいい」については「中流リベラル」に近く、「政府は豊かな人からの税金を増やしてでも、恵まれない人への福祉を充実させるべきだ」と「日本は原子力発電所をゼロにすべきだ」については「中流右翼」に近いようだ。

上から目線の「中流右翼」

図表5－12は、階層意識を比較したものである。自分を「人並みより上」と考える人の比率は、「中流右翼」が五六・三％ともっとも高く、「中流リベラル」が三四・七％と低い。「中流保守」は四六・二％で、ちょうど中間である。図表5－9でみたように、「中流右翼」は、学歴・世帯年収ともわずかに高いものの、「中流保守」「中流リベラル」との間に大きな違いがあるわけではない。その意味で「中流右翼」は、現実以上に自分の階層的位置が高いと考える傾向があるようだ。自分を「豊か」と考える人の比率、自分を「富裕層」だと考える人の比率も、「中流右翼」がもっとも高い。生活に満足している人の比率

図表5-12　3つの「中流」の階層意識

	中流右翼	中流保守	中流リベラル
自分を「人並みより上」と考える人の比率	56.3%	46.2%	34.7%
自分のくらし向きを「豊か」と考える人の比率	39.6%	36.7%	21.8%
自分は富裕層だと考える人の比率	20.5%	17.8%	10.3%
自分は労働者階級だと考える人の比率	28.7%	30.7%	45.9%
生活に満足している人の比率	68.1%	63.6%	54.1%

出典）2016年首都圏調査データより算出。

注）「自分を『人並みより上』と考える人の比率」は「上」「中の上」の合計。「生活に満足している人の比率」は「満足」「どちらかといえば満足」の合計。

も、同様である。これに対して、自分を労働者階級だと考える人の比率は「中流リベラル」でもっとも高く、「中流右翼」「中流保守」はいずれも低い。自分を労働者階級だとみなす傾向は、リベラルな政治的立場と結びついているようである。

以上みてきたように、「中流右翼」「中流保守」「中流リベラル」は、「中流」に位置するという共通点があり、学歴や収入などからみても大差がないが、その政治的立場や意識は大きく異なる。

「中流右翼」は、日本の経済格差が大きいということを認めず、貧困も自己責任と切り捨て、所得再分配を支持しない。排外主義的で、憲法改正による軍隊の保持と、在沖縄の米軍基地の維持を主張する。新自由主義的な経済政策を支持し、原子力発電の維持を主張する。戦争は人間の本能だと考え、同性愛には反対する。階層意識は現実から離れて高く、社会を上から目線でみる傾向がある。

政治的に無力な「中流リベラル」

反対に「中流リベラル」は、格差が大きいという現実を直視しており、自己責任論に走らず、所得再分配による格差の縮小を支持する。排外主義的な傾向は弱く、平和憲法を支持し、沖縄への米軍基地の集中に反対する。安倍政権に批判的で、共産党も排除しない姿勢を示す。経済には政府による規制が必要だと考え、原発ゼロ政策を支持する。戦争を人間の本能だとして容認する立場は拒否し、同性愛にも寛容である。そして自分は労働者階級であり、階層的に決して上ではないと考え、生活の現状には満足しない傾向を示す。

「中流保守」は、政治的立場や意識の上では、「中流右翼」と「中流リベラル」のちょうど中間に位置している。しかし政党支持においては、中間的とはいえない。六割近くには支持政党がないものの、自民党支持率が三三・二%であるのに対して、その他の政党の支持率はわずか八・八％で、明らかに自民党色が強い。所得再分配に積極的ではないこと、憲法改正による軍隊の保持を容認する傾向があることなどからみて、おそらくその多くは、自民党に票を投じているのだろう。

「中流右翼」は、比率の上では小さいとはいえ、自民党の盤石の支持基盤である。支持政党のない人はわずか三六・四％で、六〇・二％までが自民党を支持している。おそらくその大多数が、実際に投票所へ足を運んでいるだろう。したがってその規模以上に、自民党の支持基盤としての重要性は大きい。

これに対して「中流リベラル」には、支持政党がない。そのリベラルな政治的立場にもかかわらず、七五・九％までに支持政党がなく、自民党以外の政党支持率はわずか一三・六％である。そのかなりの部分は、投票に値する政党がないと考えて、棄権しているのではないだろうか。

だとすれば、「中流」の約半数を占める「中流リベラル」は、政治的には無力な存在にとどまることになる。この状況を変えないことには、格差の拡大と貧困層の増大という流れを変えることは難しい。これが、日本の現実なのである。

終章

中流を再生させるには

1　「総中流」の成立と崩壊

日本人はなぜ自分を「中流」だと思ったのか？

かつて日本を「総中流」の社会だと信じることのできる時代があった。もちろん、この時代にもかなり大きな格差はあった。しかし大多数の人が、尋ねられれば自分を「中」だと答えたし、「日本人の九割は中流だ」といわれても、とくに疑問をもつこともなく、これを信じた。

なぜか。第1章から第3章までみてきたように、これにはいくつかの理由があった。まず、質問の仕方が人々を「中」という回答へ誘導するものだった。人々はもともと、自分が社会全体のなかで「上」「中」「下」のどれであるかなどということを、明確に意識しているわけではない。どれかといわれても、しっくりこない人も多い。しかし、この三つから選べといわれれば、「上」でも「下」でもなく「中」だと、消去法的に答えてしまうのである。しかも「総中流」の根拠とされた世論調査では、「上」と「下」は選択肢が一つだけなのに、「中」は「中の上」「中の中」「中の下」の三つに分かれている。この三つを合計すれば「中」が多くなるのはあたりまえである。だから日本だけではなく、どんな国でも、同じ質問をすれば「中」と答える人が九割前後になってしまう。

しかし第二に、「総中流」がいわれるようになった一九七〇年代の後半は、高度経済成長が十数年続いた直後であり、実際に格差が小さくなっていた。また大部分の人々は、高度成長によって所得が増加しており、その生活水準は実際に、一昔前の「中流」のレベルに達していた。だから日本は「総中流」の社会だといわれても、それほど疑問をもつことがなかった。

さらに人々は、自分の生活水準が社会全体のなかでどのような位置にあるのかを知らなかった。生活の変化が大きかったので、ふだん顔をあわせることのない、学歴も職業も異なる人々と比べて、自分の生活水準が高いのか低いのか、判断がつかなかった。豊かな人々は自分が他の人々より豊かであることを知らず、貧しい人々は自分が他の人々より貧しいことを知らなかった。だから、「あなたは〝中〟だ」といわれても、これに疑問をもたなかった。

そして人々は、「中」あるいは「中流」というものに、ひとつの理想を見出していた。

古代ギリシャの哲学者、ロビンソン・クルーソーの父親、そして近代日本の思想家たちと同じように、「中」はよいものであると考え、みんなが「中」であるような社会はよい社会だと考えた。だから「総中流」には、快い響きがあり、人々はこれを進んで受け入れたのである。

しかしその後、経済格差の拡大が何十年にもわたって続き、二一世紀に入ったころには、格差が拡大していること、貧困層が増大していることは、隠すことのできない事実となった。そして人々は、自分の生活程度が社会全体のなかでどのような位置にあるのかを、かなり正確に自覚するようになった。豊かな人は自分が豊かであることを自覚し、貧しい人は自分が貧しいことを自覚するようになった。こうして人々は、「総中流」を信じなくなった。

このように格差に関する人々の認識や意識が大きく変わった以上、格差の現実をそのままにして、人々に「自分は中流だ」と信じさせることは不可能である。

多くの人々にとって、「中流」は望ましいものであり、「自分は中流だ」と信じることのできる社会は望ましい社会だろう。しかし格差の現実を変えることなくして、つまり格差を縮小し、貧困を解消することなくして、これを実現することは不可能である。

2 「中流」再生と「新しい〝総中流〟社会」の条件

階級格差をどう縮小するか?

大多数の人々が、単なる思い込みではなく、自分を「中流」と感じることのできる社会――これを「新しい〝総中流〟社会」と呼ぶことにしよう。それは、どのような社会だろうか。これを実現するためには、どうすればいいだろうか。

階級をなくしてしまえばいい、というのでは答えにならない。階級のない社会は、共産主義の理想である。マルクスとエンゲルスは、階級は私的所有と分業から生まれるのだから、階級のない社会である共産主義社会においては、私的所有と分業そのものが廃止されると考えた。そして、共産主義社会における人々の生活を、次のように描いた。

共産主義社会では、各人はそれだけに固定されたどんな活動範囲をももたず、どこでもすきな部門で、自分の腕をみがくことができるのであって、社会が生産全般を統制しているのである。だからこそ、私はしたいと思うままに、今日はこれ、明日はあれをし、朝に狩猟を、昼に魚取りを、夕べに家畜の世話をし、夕食後に批判をすることが可能になり、しかも、けっして猟師、漁夫、牧夫、批判家にならなくてよいのである。*1

これはまさに、ロビンソン・クルーソーの生活であり、*2「中流」の理想の生活である。もっともロビンソンの場合は批判ではなく宗教的思索だったが、ほとんど違いはない。しかし、あたりまえのことだが、こんな社会は実現不可能である。

そもそも近代産業では、各人が専門分化して作業を受け持つのは当然であり、人々が分業して別々の職業に就き、この職業がある程度まで固定化することは避けられない。そうであるからこそ、人々は自分の専門性や経験を生かすことができるのである。とくに新中間階級の多くを占める専門職は、そもそも分業を前提に成立する職業である。

また多くの人々にとって、自分の仕事場や店をもつこと、さらには会社をもつことは重要な目標であり、夢である。自分の裁量で行う仕事には、勤め人にはないおもしろさや、やりがいがあるからである。こうした働き方を否定することは、社会にとって好ましくない。だから生産手段の私的所有を廃止することは好ましくない。

その意味で、新中間階級、旧中間階級を問わず、分業と私的所有は、「中流」のそもそもの大前提である。「中流」は、分業と私的所有があるからこそ成立するのである。

それでは、すべての人が新中間階級または旧中間階級になればいいのか。これも、不可能である。

まず近代産業の基幹産業、たとえば製鉄、自動車や電子部品の製造などを、個人企業が担うことは不可能である。旧中間階級が手がけることができ、大企業と対等に競争できるのは、精密加工や工芸品の製造、小売業やサービス業、農林漁業など一部に限られる。

また新中間階級の存在は、上に資本家階級、下に労働者階級がいることが前提であり、すべての人が新中間階級になった資本主義経済というのは、成立しえない。またある程度以上の規模の組織であれば、ヒエラルキー的な構造をもつことや、意思決定の権限が一部に集中することは避けられない。

しかし、旧中間階級の規模を拡大すること、新中間階級の範囲を拡大することは可能である。また、新旧の中間階級と、他の階級の間の格差を縮小することは可能である。そうすれば、今日より多くの人々が「中流」となり、あるいは自分を「中流」と感じることができるようになるだろう。二つに分けて考えよう。

(1)「中流」の範囲を拡大すること

現代日本では、旧中間階級が減りすぎたのではないだろうか。図表2-3でみたように、その比率は一一・八%、人数でいえば約七五一万人である。しかも、このなかには請負労働者がかなり含まれている。

内閣府が二〇一九年に行った調査によると、就業形態は自営業主でありながら、実店舗も雇人もいない就業を本業とする人は、建設業で四〇・四万人、卸売・小売業で二一万人など二〇〇・三万人に上った[*3]。このなかには学術研究・専門技術サービス業や情報通信業など、専門性の高い人々も含まれるが、かなりの部分は販売・サービス職やマニュアル職に従事する、実質的には非正規労働者といっていい人々だろう。このことを考えれば、実際には旧中間階級はすでに一〇%を大幅に割り込んでおり、一九九二年との比較では半分以下になっているとみてよい。

自営業者の減少によって、失われたものは多い。地域の商店街で廃業が相次ぎ、シャッター通りが増え、買物が不便になった。良心的な料金でサービスを提供する、電器店や工事業者がなくなってしまった。季節感のある手作りの料理を、安価で提供する飲食店がなくなってしまった。農地が放棄され、景観が損なわれた、など。

自営業者の存在によって、生活の豊かさが支えられていた部分は多い。自営業セクターには、経済効率を超えた社会的意義がある。大資本による圧力を和らげ、自営業者を支援することは、社会的にも重要であり、また労働者階級が独立して旧中間階級へ移動するのを支援するという意義もある。これによって「中流」を拡大すること、少なくともその減少を食い止めることが可能になる。

新中間階級については、まず労働時間の短縮が望ましい。日本人は働きすぎだと指摘されるようになって久しいが、労働時間の短縮は進まない。統計上は短縮しているように見受けられるが、実はこれは、非正規労働者が増加したこと、そして労働時間が正確に把握されていないことによる部分が大きい。新中間階級の労働時間を短縮すれば、新中間階級の人数が数量的に増加し、より多くの人々が新中間階級として働くことができるようになる。

もちろん、それでも限度はある。次に考えられてよいのは、資本家階級から新中間階級へ、新中間階級から労働者階級へと、権限を下に委譲していくことである。図表2－5でみたように、新中間階級は現状でも、一般に考えられているほどには自由な働き方ができない状態にある。能力や経験の発揮もおぼつかない。これで働く意欲を引き出すことができるだろうか。また労働者階級は、それ以上に不自由で、「疎外された労働」から抜け出せない状態にある。だからこそ、労働者階級は昇進して管理職になること、子どもを大学に進学させて新中間階級に移動されることを望む。しかしそうではなく、熊沢誠が指摘したように「労働者がその職業的地位にあるままで労働生活の全体をよくしようとする」試みがあってよい。労働者階級の働き方や労働条件に対する発言力を強め、また労働の単純化に歯止めをかけ、能力開発を進めていくことである。

(2)「中流の生活」を可能にすること

繰り返すが、すべての人を中間階級にすることはできない。しかし、すべての人に「中流」の生活水準を保障することはできる。

方法は、いくらでもある。現状ではあまりにも大きい、正規労働者と非正規労働者の賃金格差を解消するため、均等待遇原則を実現することは最低条件である。同様に均等待遇は、男性と女性、大卒者と非大卒者などの間でも実現する必要がある。また最低賃金の大幅な引き上げによって、所得水準を底上げすることも求められる。

こうして賃金の格差が縮小すれば、現状に比べれば所得再分配の必要性は小さくなる。しかし株主や一部の経営者が巨額の収入を得ている現状を考えれば、依然として必要性は大きい。所得税の累進性を高めること、資産税の導入と相続税の税率の引き上げによって富裕層の実効税率を高めることなどが有効だろう。

社会保障の役割も大きい。第4章でみたように、新中間階級のかなりの部分は退職とともに「中流」の生活からこぼれ落ちる。旧中間階級は、引退とともに大半が「中流」の生活を維持できなくなる。退職後の労働者階級の生活困難は、なおさらである。

生活が困難なら、生活保護を受ければよさそうなものだが、現行の生活保護制度はうまく機能していない。捕捉率（貧困状態にある人々のなかで、生活保護を受給できている人の比率）が二割程度と低すぎるのである。行政の怠慢や生活保護受給者に対するバッシングなど、いろいろな原因はあるが、最大の原因は、受給のための条件が厳しすぎて、最低生活費一ヶ月分以上の預貯金があってはならないとされていることである。

だからいまの日本では、ささやかな貯金を少しずつ取り崩して生活し、その結果、幸か不幸か生活保護基準を満たすようになる人が激増している。生活保護を新たに受ける人のうち、「貯金等の減少・喪失」が保護開始の理由である人は、一九九七年には八五四世帯に過ぎなかったが、これが二〇一六年には月平均で五六二九世帯にまで激増しているのだ。これは「傷病による」「働きによる収入の減少・喪失」を抑えて堂々の一位で、全体に対する比率は三五・五％に上っている。

ちなみに英国では、一万六〇〇〇ポンド（約二三〇万円）以上の貯金があると保護を受けることができないが、八〇〇〇ポンド以上一万六〇〇〇ポンド未満の場合は減額されるものの保護を受けることができ、八〇〇〇ポンド未満なら満額を受け取ることができる。*4 日本でも、一〇〇万円くらいまでは貯金があっても生活保護が受けられるようにすべきだろう。

財源についての試算をしてみよう。

野村総合研究所の推計によると、二〇一七年において家計がもっていた金融資産総額は一五三九兆円だが、この分布は著しく偏っている。五億円以上をもつ八・四万世帯の超富裕層が八四兆円、一億円以上をもつ一一八・三万世帯の富裕層が二一五兆円、五〇〇〇万円以上の準富裕層三二二・二万世帯が二四七兆円の金融資産を所有している。*5 合計四四八・九万世帯、全体の八・四％を占めるに過ぎないこれらの人々の金融資産が、五四六・

○兆円、全体の三五・五％を占めるのである。

ここで仮に、世帯あたり五〇〇〇万円を超える部分に対して一％、さらに一億円を超える部分に追加で一％を課税するとしたら、課税ベースは四九三・九兆円、税収は四・九四兆円となる。現状では生活保護費総額は三・八兆円ほどであり、しかも生活保護の範囲を拡大したときに新たに受給するような世帯には多少の収入があるはずで、満額受給するわけではないだろうから、被保護世帯数が二～三倍程度になっても大丈夫だろう。

これを導入した場合、実際に資産税を払う世帯は一二世帯に一世帯ほどだから、文字通りの富裕税である。一世帯あたりの税額は、超富裕層が一八五〇万円、富裕層が二一四万円、準富裕層が二七万円となる。支払う世帯の七割以上を占める準富裕層の負担は、固定資産税を下回るケースが多いだろう。老後のための蓄えにまで課税するのは酷だという意見もあるかもしれない。しかし、話題になった金融庁の試算では、二〇〇〇万円の蓄えがあれば年金を補って普通の暮らしができるとのことだから、五〇〇〇万円あれば十分すぎるほどだろう。旧中間階級で基礎年金しか受給できない人の場合は事情が異なるが、それでも五〇〇〇万円あれば問題はないはずだ。

3　いま「中流」の使命は

「中流保守」「中流リベラル」の連携を

それでは「中流」の再生、そして「新しい〝総中流〟社会」に向けて、いま「中流」である人々は何をすべきだろうか。

まずもって確認すべきことは、「中流」は決して一枚岩ではなく、格差の問題に対する意識によって、明らかに分裂しているということである。一方に「中流右翼」、他方に「中流リベラル」がいて、両者は対極といっていいほどに考えを異にしている。

「中流右翼」は、格差拡大の事実を認めたがらず、貧困は自分のせいだという自己責任論の傾向が強いから、「新しい〝総中流〟社会」を実現するという目的自体に賛同しないだろう。彼ら・彼女らは階級社会の住人であり、自分が階級社会のなかで相対的に上位に位置していることに満足し、それを快適だと感じている。呼びかけるだけ無駄というものだ。

「中流リベラル」は、格差拡大の事実をはっきりと認識し、格差拡大は問題だと考え、所得再分配を支持する人々である。排外主義には距離をおき、マイノリティに理解を示す。憲法を改正して軍隊をもつことには明確に反対し、戦争はなくすことができると考える。経済の規制緩和には批判的で、原発ゼロを支持する人も多い。彼ら・彼女らは、グールドナーのいう「批判的言説の文化」の担い手であり、「新しい〝総中流〟社会」を実現する中心勢力となるべき人々である。しかし「中流」の最大勢力であるとはいえ、辛うじて半数近くを占めるに過ぎないから、これだけでは弱い。中間に位置する「中流保守」を動かさない限り、実現は難しい。

「中流リベラル」と「中流保守」が、ゆるやかに連携しながら「新しい〝総中流〟社会」を実現するとしたら、そのプロセスは次のようなものだろう。

まず必要なのは、「中流リベラル」が支持できる政治勢力が形成されることである。既存の野党は、「中流リベラル」という、潜在的には支持基盤であるはずの人々の支持を獲得できていない。この厳然たる事実を直視する必要がある。

つい最近、わずか三年ほどの間だったが、このような政治勢力が存在した時期がある。民主党政権が成立する一年ほど前から、東日本大震災までの間である。この時期、すべての階級で民主党の支持率が急上昇し、自民党支持率を上回るようになって政権交代が実現したが、とりわけ民主党支持率の上昇が顕著だったのは新中間階級と旧中間階級だった。二〇〇六年から二〇一〇年の間に、民主党支持率は一一・二%から一八・六%に上昇し、自民党支持率の一六・四%を上回ったが、これを階級別にみると、新中間階級は一二・六%から二三・〇%、旧中間階級は一一・六%から二〇・八%と急上昇して二〇%を上回っていた。これに対して自民支持率は、それぞれ一八・一%から一一・七%、三五・三%から二一・二%へと急落している。[*6] このように「中流」、とくに新中間階級の政党支持が大きく変動したことが、政権交代をもたらしたのである。

ところが現在は、このような政党が存在しない。自民党以外の政党の再編成もしくは協力によって、かつての民主党のような政治勢力を作り上げることが、前提条件だろう。「中流リベラル」は、この新しい政治勢力を通じて、自らの理想の実現を目指せばよい。

それでは「中流保守」がここに合流するとしたら、それはどのような場合だろうか。「中流保守」は、自己責任論に否定的で、政府の経済への介入を否定しないという点で、新自由主義的な性格が強いとはいえず、この点は「中流リベラル」と共通である。しかし、所得再分配に消極的だという点で「中流リベラル」との違いが大きい。自己責任論を支持するわけではないが、わざわざ所得再分配をしてまで格差を縮小する必要はない、といったところだろう。自分の払う税金が増えるのは困る、という部分もあるかもしれない。

格差拡大はすべての人々の健康を蝕む

しかし、こう考えてみてはどうだろう。第4章でみたとおり、「中流」は安泰とはいえない。とくに、老後は不安が大きい。新中間階級の多くには企業年金があるから、老後も「中流」の生活を維持できる可能性が、ある程度まで高い。しかしそれがかなわずに、老後も非正規労働者として慣れない仕事に就くことを余儀なくされる人は決して少なくない。事故や病気などで財産を失えば、さらにその可能性は高くなる。そして旧中間階級の場合は、老後に「中流」の生活を維持できる可能性は小さい。つまり老後になれば、所得再分配から利益を得ることができる可能性は高いのである。仮にいままで以上の税金を払わなければならないことになったとしても、これを老後に取り返せると考えれば、所得再分配を支持することは自分の利益にかなうのではないか。

また、進路選択の時期を迎えた子どもをもつ親たちにとって、最大の不安は、「子どもが就職できないのではないか」「子どもがフリーターになってしまうのではないか」ということである。子どもが自活できなくなること自体も問題だが、フリーターは生涯未婚になる可能性が高いから、孫の顔をみることができなくなる可能性も大きい。しかし最低賃金が大幅に引き上げられ、また社会保障も完備しているなら、それほど心配する必要もない。たとえば最低賃金が一五〇〇円まで引き上げられれば、年間一六〇〇時間労働で年収二四〇万円になる。一人なら何とか生活できるし、結婚して世帯年収が四八〇万円になれば、子どもを産み育てることもできるだろう。これは「中流保守」の立場からみても、好ましいことであるはずだ。一人、二人といったわずかな数のパートやアルバイトを雇用する自営業者は困るかもしれないが、そこは前節で述べたように、自営業者の存在には多くの場合、経済効率を超えた社会的意義があることを考慮して、公的な支援を行えばよい。

さらに、次の問題がある。これまで全世界で、格差拡大が社会にもたらす弊害についての研究が進められてきた。これら多くの研究が示しているのは、格差拡大は、犯罪を増加させ、健康の水準を低下させて平均寿命を引き下げ、また経済効率を低下させて経済成長率を引き下げるということである。

平均寿命を国際比較すると、ある程度の水準までであれば、平均所得が上昇するにしたがって平均寿命は長くなる。しかし一定以上の所得水準を実現した先進諸国の場合、平均所得と平均寿命の間にはほとんど関係がなくなり、これにかわって所得格差の大きさと平均寿命が関連するようになる。格差が大きい国ほど、平均寿命が短いのである。

貧困層は健康を害しやすく、また十分な医療が受けられないから、早死にする可能性が高い。そして格差が拡大すれば貧困層が増加するから、平均寿命も短くなるというのは、理解しやすいだろう。しかし、理由はそれだけではない。格差が大きいと、貧困層以外の人々の寿命も短くなってしまうのである。

専門の研究者たちは、その理由を次のように説明する。一定以上の所得水準を達成した人々にとっては、所得の絶対的水準ではなく相対的水準、つまり他人より所得が高いか低いかということが重要になる。たとえ生活に不自由がなくても、他人より大幅に所得の低い人々は、強い不満をもち、より豊かな人々に対して反感をもちやすい。このため、たとえ豊かな社会でも、経済格差が大きいと、人々の間には敵意が生まれやすくなり、良好な関係は生まれにくくなり、コミュニティへの参加も減少する。人々は公共心や連帯感を失っていく。このため犯罪が増加し、また精神的ストレスが高まることから健康状態が悪化し、平均寿命は引き下げられる。つまり人々の健康状態は、平等な社会ほどよく、不平等な社会では悪いのである。*7

格差拡大はGDP成長率を下げる

またOECDは、格差拡大が経済成長に与える影響についての分析を行っている。格差が拡大すると低所得層は、子どもに教育を受けさせたり、自分の能力を高めたりすることができなくなるから、人的資本が不足しがちになり、生産性が低下する。そしてOECDの試算によると、先進諸国の多くでは、二〇世紀から二一世紀にかけて格差が拡大したが、このためにGDP成長率が引き下げられてしまった。日本を例にとると、一九九〇年から二〇一〇年のGDP成長率は一七・五%だったが、実はこの成長率は格差拡大によって五・六%引き下げられており、格差拡大がなければ二三・一%に達していたはずだった。同様に同じ時期、英国では八・六%、米国では六・〇%、ドイツでは五・七%、GDP成長率が引き下げられたという。*8

このような事実を受け入れたとしても、おそらく「中流右翼」の人々はその立場を変えないだろう。しかし「中流保守」の人々は、そうではないだろう。格差拡大そのものを肯定しているわけではないのだから。格差拡大は社会全体の、したがって自分の不利益になる。だとすれば格差を縮小するための施策をとることに、異論はないはずだ。

「中流リベラル」と「中流保守」が、「新しい〝総中流〟社会」に向けて合意形成をするためには、おそらく「中流リベラル」の側の譲歩も必要になる。憲法改正を頭ごなしに否定しない方がいいし、「原発ゼロ」も中長期的目標と位置づけた方がいいだろう。そして所得再分配も、合意形成を進めながら漸進的に進めていく必要がある。

「中流リベラル」と「中流保守」の間には、さまざまな違いがあるが、「中流右翼」と「中流リベラル」のように、対極的で相容れない関係にあるわけではない。少なくとも「新しい〝総中流〟社会」という目標に関しては、合意できないような違いがあるとは考えられない。

政党支持についても、真っ向から対立しているというわけではない。図表5－10に示したように、「中流保守」は自民党色が強いとはいえ、自民党支持率は三三・二％にとどまっており、五八・〇％までは無党派なのである。その他の政党を支持する人も八・八％いて、「中流リベラル」の一三・六％と本質的な違いがあるとはいえない。「中流右翼」のように、自民党の盤石の支持基盤というわけではなく、変動しうる余地が大きいとみた方がいい。「中流リベラル」を中心にしながらも、「中流保守」との一致点を探り、ここに他の階級の「リベラリスト」と「穏健保守」を結集させるような政治勢力を作ることは、決して不可能ではないだろう。自民党が、その盤石の基盤である「新自由主義右翼」の意向に沿うかのように、排外主義と軍備重視の傾向を強めている今日、むしろその可能性は広がっているように思われる。

政治的立場を超えて

中間階級の要求の実現のために、室伏高信がファシズム運動を呼びかけた八年前の一九二四年、『滅びゆく階級』という書を著して、やはり中間階級の要求の実現を目指しながら、まったく別の運動を呼びかけた人物に、森本厚吉《こうきち》がいる。札幌農学校で新渡戸稲造《にとべいなぞう》に師事し、女子経済専門学校(現在の新渡戸文化短期大学)を設立して、新渡戸稲造を初代校長に迎え入れた経済学者である。

彼によると、中間階級(森本の用語では中流階級)とは、その職業、教育、財産または所得、社会的地位などによって、労働者階級の上に立ち、新しい時代に適応した文化的生活を営むことのできる階級である。ところがその境遇は次第に悪化しており、滅亡の危機に立たされている。そこで森本は、中間階級、とりわけ新中間階級の使命は、「上下階級の調和を計り、貧富の差を最小にする」ことだとする。このために中間階級は、さらに悲惨な境遇にある労働者階級を中間階級にまで引き上げるとともに、労働者階級と連帯しながら、「上流有産階級」に不労所得によって富を所有することの非を認めさせ、それが無理なら階級闘争によってその生活を中間階級の水準にまで引き下げさせるための運動に立ち上がるべきだ、とする。*9

具体的な戦略や政策などが提示されているわけではなく、単なる呼びかけであり、アジテーションではあるのだが、日本の現状を考えれば胸に落ちる部分がある。上下の階級の中間に立って融和を図る「穏健保守」の立場と、格差の縮小を目指す「リベラリスト」の立場が、結びつけられているからである。

格差縮小と貧困の解消は、社会を守るための政策目標であり、「新自由主義右翼」以外の多くの政治的立場と両立する。その実現のために何が必要か、政治的立場を超えた検討が行われることに期待したい。

注

【まえがきにかえて】

＊1　本書のうちSSM調査データの分析による部分は、科学研究費特別推進研究事業（課題番号二五〇〇〇〇〇一）に伴う成果の一つである。二〇一五年SSM調査データについては、二〇一七年二月二七日版（ヴァージョン〇七〇）のデータを用いた。

＊2　調査研究にあたっては、科学研究費補助金（基盤研究A　課題番号一五H〇一九七〇）の交付を受けた。

【第1章】

＊1　総務省統計局「アメリカ大統領選挙の番狂わせ（前編）～標本調査における偏り①」(https://www.stat.go.jp/teacher/c2epi4a.html)。

＊2　Gallup, G., & Rae, S. F., *The Pulse of Democracy.*

＊3　*The People of the U.S.A. : a Self Portrait* (The Fortune Survey), Fortune, Feb. 1940.

＊4　Gilbert, D., *The American Class Structure* (Fifth Edition).

＊5　ヴァンス・パッカード『地位を求める人々』四頁。

＊6　バーバラ・エーレンライク『「中流」という階級』。

＊7　岩田幸基『現代の中流階級』三頁。

＊8　神林博史「『総中流』と不平等をめぐる言説：戦後日本における階層帰属意識論に関するノート（3）」。

＊9　米国の経済学者、ジェームズ・デューゼンベリーが提唱した概念で、個人の消費水準が、周囲の人々の消費水準によって影響されることをいう。

＊10　米国の経済学者、ジョン・ケネス・ガルブレイスの提唱した概念で、人々の欲求充足のために生産が行われるのではなく、広告や販売戦略などによって欲望がつくりだされることをいう。

＊11　たとえば盛山和夫・直井優・佐藤嘉倫・都築一治・小島秀夫「現代日本の階層構造とその趨勢」。

＊12　リチャード・センタース『階級意識』。

＊13　『朝日新聞』一九七八年一月二二日、一九八一年六月一三日。

＊14　『第八二回国会衆議院決算委員会議録』（一九七七年一一月一日）。

＊15　岸本重陳『「中流」の幻想』を参照。本書で岸本は、「中流」とは一定の生活態度や資産を備えた人々、あるいは雇用する側の資本家と雇用される側の労働者のいずれにも属さない土地所有者や自営業者などを指すのであり、自分の生活程度を「中」と考えているというだけで「中流」とはいえないと指摘した。

＊16　濱嶋朗『現代社会と階級』を参照。本書の出版は一九九一年だが、本書に収められた中流意識に関する論文は、一九八三年から一九八五年に発表されている。これらの論文で濱嶋は、調査の結果から、一般的に階層帰属意識を尋ねると八割の回答者が自分を「中」と回答するが、「中流」の

人々のライフスタイルや経済状態に関する具体的なイメージを選択肢（「教養」「教育熱心」「上昇志向」「ゆとり」「安定」など）を示して尋ねたあとで、あらためて自分は中流に属すると思うかと尋ねると、「中流」との回答が五割以下になってしまうことを明らかにし、自分を「中」と考えるという意味での階層帰属意識は、一貫性のない不安定なものであると主張した。

＊17 Adonis, A., & Pollard, S., *A Class Act*.

【第2章】

＊1 ダニエル・デフォー『ロビンソン・クルーソー』。ただし、訳語は変えている。

＊2 アリストテレス『政治学』（アリストテレス全集15）一七一―二頁。

＊3 大塚久雄『社会科学の方法』『近代化の人間的基礎』『欧州経済史』『社会科学における人間』など。

＊4 川島武宜『新版 所有権法の理論』。

＊5 以下ではこの四階級分類をもとに、各階級の特徴と違いをデータによって明らかにしていくが、その際には次のような分類を用いている。

資本家階級　従業先規模が五人以上の経営者・役員・自営業者・家族従業者

新中間階級　専門・管理・事務に従事する被雇用者（女性と非正規の事務を除外）

労働者階級　専門・管理・事務以外に従事する被雇用者（女性と非正規の事務を含める）

旧中間階級　従業先規模が五人未満の経営者・役員・自営業者・家族従業者

資本家階級と旧中間階級の境界を従業先規模五人以上と未満としたのは、企業を対象とする多くの統計調査が調査対象を企業規模五人以上としているなど、一般に「企業」というものの通念が五人以上の事業体を指していること、またデータからも、これを境に経営者や自営業者の収入や生活実態が大きく変化することがたしかめられるからである。ただし、各階級の規模を推定するのによく用いられる国勢調査データの場合は、従業員規模の区別がないため、雇人のある場合は資本家階級、ない場合は旧中間階級と分類することとする。他方、正規雇用の事務職を男性では新中間階級、女性では労働者階級としたのは、少なくとも最近まで、男性事務職は管理職コース、女性事務職は単純事務労働というような、性別職務分離が明確だったからである。

なおSSM調査の職業分類では、課長以上の役職者でも、もっぱら販売・サービスや現場のマニュアル労働に従事している場合は管理職に分類されない。このため今回の分析では、課長以上の役職に就いている被雇用者は、専門・管理・男性事務職以外に分類されている場合でも新中間階級とみなした。

＊6　ハリー・ブレイヴァマン『労働と独占資本』。

＊7　ここでは、コンビニエンスストアの店主や、各種の請負業者など、独立自営の性質に疑いのある旧中間階級の問題は、ひとまず考慮の外におくこととする。

＊8　ハリー・ブレイヴァマン『労働と独占資本』。

＊9　この点について詳しくは、橋本健二『新・日本の階級社会』第四章を参照。

＊10　藤田弘夫「ある社会学者の闘い：P・A・ソロキンの数奇な生涯」。
＊11　Sorokin, P. A., *Social and Cultural Mobility*.
＊12　熊沢誠『新編 日本の労働者像』。

【第3章】

＊1　いずれも「拡大した」「どちらかといえば拡大した」の合計。
＊2　『CLASSY.』一九八九年一一月号。
＊3　『CLASSY.』一九九〇年五月号。
＊4　『女性自身』一九八八年一二月二七日・一九八九年一月三日合併号。
＊5　盛山和夫・直井優・佐藤嘉倫・都築一治・小島秀夫「現代日本の階層構造とその趨勢」。
＊6　橋本健二「階級社会としての日本社会」。この時点では私は、被雇用の専門・管理・事務職が労働者階級と区別される階級であると断言することを避けて、新中間層という用語を用いていた。またここでの分析は、本書と違って、二〇―六九歳の全年齢を対象としたものである。
＊7　尾嶋史章「教育機会の趨勢分析」。
＊8　佐藤俊樹『不平等社会日本』。
＊9　橋本健二『階級社会日本』。
＊10　橋本健二『新・日本の階級社会』。

＊11　盛山和夫「中流崩壊は『物語』にすぎない」。
＊12　橘木俊詔・八木匡「所得分配の現状と最近の推移」。
＊13　大竹文雄「所得格差を考える」。
＊14　橘木俊詔「日本の所得格差は拡大しているか」。
＊15　大竹文雄・斉藤誠「所得不平等化の背景とその政策的含意」。
＊16　太田清「日本における個人間の所得・賃金格差」、橋本健二『〈格差〉と〈階級〉の戦後史』。
＊17　大竹文雄『格差と希望』。
＊18　二〇〇六年一月二四日参議院本会議。
＊19　二〇〇六年一月二四日衆議院本会議。
＊20　二〇〇六年二月一日参議院予算委員会。
＊21　「大宅壮一文庫雑誌記事索引検索Ｗｅｂ版」。
＊22　吉川徹「『中』意識の静かな変容」、『現代日本の「社会の心」』。

【第４章】

＊１　Ｋ６尺度は、米国のケスラーらによって開発され、うつ病・不安障害などの精神疾患をスクリーニングするために広く用いられている。二〇一六年首都圏調査で用いたのは、二〇一五年ＳＳＭ調査研究会が、これをアレンジして新たに作成した尺度であり、本来のＫ６尺度とは一部異なって

おり、「いらいらする」「絶望的な感じになる」「そわそわして、落ち着かない」「気持ちがめいって、何をしても気が晴れない」「何をするのもおっくうな気持ちになる」「自分は何の価値もない人間のような気持ちになる」の六つの設問から構成されている。集計にあたっては、回答をそれぞれ〇点から四点に得点化し、合計二四点満点とした。

【第5章】

＊1　フロム『自由からの逃走』。
＊2　リプセット『政治のなかの人間』。
＊3　山口定『ファシズム』有斐閣、一九七九年。
＊4　丸山眞男『現代政治の思想と行動』六三―四頁。
＊5　室伏高信『中間階級の社会学』三〇〇、三〇五頁。
＊6　樋口直人『日本型排外主義』。
＊7　永吉希久子「ネット右翼とは誰か」、樋口直人『ネット右翼とは何か』。
＊8　雨宮昭彦『帝政期ドイツの新中間層』。
＊9　村上泰亮『新中間大衆の時代』。
＊10　引用は、大橋隆憲「現代日本の階級構成」より。（　）内は橋本による補足。明らかな誤記と思われる部分は改めた。

＊11　幸徳秋水『社会主義神髄』。
＊12　幸徳秋水『平民主義』。
＊13　大杉栄「征服の事実」「生の拡充」。
＊14　セルジュ・マレ『新しい労働者階級』『労働者権力』。
＊15　トゥレーヌ『脱工業化の社会』。
＊16　グールドナー『知の資本論』。
＊17　戦後労働運動におけるホワイトカラーの役割については、大河内一男編『労働組合の生成と組織』を参照。
＊18　ただしここでは、首都圏に住む女性は全体に学歴が高く、単純事務職ではない事務職が多いと考えられることから、正規雇用の女性事務職は新中間階級に含めている。

【終　章】

＊1　カール・マルクス、フリードリヒ・エンゲルス『ドイツ・イデオロギー』六八頁。
＊2　ここでは、ロビンソンがある時期からフライデーを下僕として支配したことについては、ひとまず措《お》く。
＊3　内閣府政策統括官『日本のフリーランスについて』。
＊4　吉永純・後藤道夫・唐鎌直義「膨大な『保護からの排除』を示す」。

＊5　野村総合研究所「日本の富裕層は一二七万世帯、純金融資産総額は二九九兆円と推計」。
＊6　橋本健二『〈格差〉と〈階級〉の戦後史』。データはJGSS調査（日本版総合的社会調査）による。
＊7　カワチ、ケネディ『不平等が健康を損なう』、ウィルキンソン『格差社会の衝撃』など。
＊8　OECD, *Trends in Income Inequality and its Impact on Economic Growth.*
＊9　森本厚吉『滅びゆく階級』二一〇—一一頁。

参考文献

雨宮昭彦『帝政期ドイツの新中間層』東京大学出版会、二〇〇〇年
アリストテレス（山本光雄訳）『政治学（アリストテレス全集15）』岩波書店、一九六九年
岩田幸基『現代の中流階級』日本経済新聞社、一九七一年
ウィルキンソン（池本幸生・片岡洋子・末原睦美訳）『格差社会の衝撃』書籍工房早山、二〇〇九年
エーレンライク（中江桂子訳）『「中流」という階級』晶文社、一九九五年
大河内一男編『労働組合の生成と組織』東京大学出版会、一九五六年
大杉栄「征服の事実」飛鳥井雅道編『大杉栄評論集』岩波書店、一九九六年（原著一九一三年）
大杉栄「生の拡充」同上（原著一九一三年）
大竹文雄「所得格差を考える」『日本経済新聞』二〇〇〇年二月二九日〜三月七日
大竹文雄『格差と希望』筑摩書房、二〇〇八年
大竹文雄・斉藤誠「所得不平等化の背景とその政策的含意」『季刊社会保障研究』第三五巻第一号、一九九九年
大塚久雄『社会科学の方法』岩波書店、一九六六年
大塚久雄『近代化の人間的基礎（大塚久雄著作集第八巻）』岩波書店、一九六九年
大塚久雄『欧州経済史』岩波書店、一九七三年
大塚久雄『社会科学における人間』岩波書店、一九七七年
大橋隆憲「現代日本の階級構成」『経済論叢（京都大学経済学会）』第九三巻第三号、一九六四年

小沢雅子「幕開ける〝階層消費時代〟――〝中流幻想〟の崩壊と大衆消費時代の終焉」『日本長期信用銀行調査月報』二二二号、一九八四年
小沢雅子『新「階層消費」の時代――消費市場をとらえるニューコンセプト』日本経済新聞社、一九八五年
川島武宜『新版 所有権法の理論』岩波書店、一九八七年
カワチ、ケネディ（社会疫学研究会訳）『不平等が健康を損なう』日本評論社、二〇〇四年
神林博史「『総中流』と不平等をめぐる言説：戦後日本における階層帰属意識論に関するノート（3）」『東北学院大学教養学部論集』第一六一号、二〇一二年
岸本重陳『「中流」の幻想』講談社、一九七八年
熊沢誠『新編 日本の労働者像』筑摩書房、一九九三年
グールドナー（原田達訳）『知の資本論』新曜社、一九八八年
幸徳秋水『社会主義神髄』『日本の名著44』中央公論社、一九七〇年（原著一九〇三年）
幸徳秋水『平民主義』『日本の名著44』中央公論社、一九七〇年（原著一九〇七年）
佐藤俊樹『不平等社会日本』中央公論新社、二〇〇〇年
盛山和夫「中流崩壊は『物語』にすぎない」『中央公論』二〇〇〇年一一月号
盛山和夫・直井優・佐藤嘉倫・都築一治・小島秀夫「現代日本の階層構造とその趨勢」、直井優・盛山和夫編『社会階層の構造と過程（現代日本の階層構造①）』東京大学出版会、一九九〇年
センタース（松島静雄訳）『階級意識』東京大学出版会、一九五八年
橘木俊詔「日本の所得格差は拡大しているか」『日本労働研究雑誌』二〇〇〇年七月号

橘木俊詔・八木匡「所得分配の現状と最近の推移」、石川経夫編『日本の所得と富の分配』東京大学出版会、一九九四年
デフォー（鈴木恵訳）『ロビンソン・クルーソー』新潮社、二〇一九年
トゥレーヌ（寿里茂・西川潤訳）『脱工業化の社会』河出書房新社、一九七〇年
内閣府政策統括官『日本のフリーランスについて』二〇一九年
永吉希久子「ネット右翼とは誰か」樋口直人他『ネット右翼とは何か』青弓社、二〇一九年
パッカード（野田一夫・小林薫訳）『地位を求める人々』ダイヤモンド社、一九六〇年
博報堂生活総合研究所編『「分衆」の誕生』日本経済新聞社、一九八五年
橋本健二『階級社会日本』青木書店、二〇〇一年
橋本健二『新・日本の階級社会』講談社、二〇一八年
橋本健二『〈格差〉と〈階級〉の戦後史』河出書房新社、二〇二〇年
濱嶋朗『現代社会と階級』東京大学出版会、一九九一年
樋口直人『日本型排外主義』名古屋大学出版会、二〇一四年
樋口直人「ネット右翼の生活世界」樋口直人他『ネット右翼とは何か』青弓社、二〇一九年
藤田弘夫「ある社会学者の闘い：P・A・ソロキンの数奇な生涯」『法學研究』第七七巻第一号、二〇〇四年
ブレイヴァマン（富沢賢治訳）『労働と独占資本』岩波書店、一九七八年
フロム（日高六郎訳）『自由からの逃走』創元社、一九五一年
丸山眞男『現代政治の思想と行動』未來社、一九六四年

マルクス、エンゲルス（花崎皋平訳）『ドイツ・イデオロギー』合同出版、一九六六年
マレ（海原峻・西川一郎訳）『新しい労働者階級』合同出版、一九七〇年
マレ（山内昶訳）『労働者権力』河出書房新社、一九七二年
村上泰亮『新中間大衆の時代』中央公論社、一九八四年
室伏高信『中間階級の社会学』日本評論社、一九三二年
森本厚吉『滅びゆく階級』同文館、一九二四年
山口定『ファシズム』有斐閣、一九七九年
吉永純・後藤道夫・唐鎌直義「膨大な『保護からの排除』を示す」『賃金と社会保障』二〇一〇年一〇月上旬号、二〇一〇年
リプセット（内山秀夫訳）『政治のなかの人間』東京創元新社、一九六三年
渡辺和博・神足裕司『金魂巻』主婦の友社、一九八四年
Anonis, A., & Pollard, S., *A Class Act*, Hamish Hamilton, 1997
Gallup, G., & Rae, S. F., *The Pulse of Democracy*, Simon and Schuster, 1940
Gilbert, D., *The American Class Structure*（Fifth Edition）, Wadsworth, 1998
OECD, *Trends in Income Inequality and its Impact on Economic Growth*, 2014
Sorokin, P. A., *Social and Cultural Mobility*, Free Press, 1964（first Harper & Brothers edition 1927）
The People of the U.S.A. : a Self Portrait（The Fortune Survey）, Fortune, Feb. 1940
総務省統計局「アメリカ大統領選挙の番狂わせ（前編）～標本調査における偏り①」（https://www.stat.go.jp/teacher/c2epi4a.html）

野村総合研究所「日本の富裕層は一二七万世帯、純金融資産総額は二九九兆円と推計」(https://www.nri.com/jp/news/newsrelease/lst/2018/cc/1218_1)

橋本健二　はしもと・けんじ
1959年、石川県生まれ。東京大学教育学部卒。東京大学大学院博士課程修了。静岡大学教員などを経て、現在、早稲田大学人間科学学術院教授。専門は社会学。データを駆使して日本社会の階級構造を浮き彫りにする。おもな著書に『階級都市』『アンダークラス』（ともにちくま新書）、『新・日本の階級社会』（講談社現代新書）、『〈格差〉と〈階級〉の戦後史』（河出新書）などがある。

朝日新書
774
中流崩壊《ちゅうりゅうほうかい》

2020年7月30日第1刷発行

著　者　橋本健二

発行者　三宮博信
カバーデザイン　アンスガー・フォルマー　田嶋佳子
印刷所　凸版印刷株式会社
発行所　朝日新聞出版
〒104-8011　東京都中央区築地5-3-2
電話　03-5541-8832（編集）
　　　03-5540-7793（販売）

Published in Japan by Asahi Shimbun Publications Inc.
ISBN 978-4-02-295078-9
定価はカバーに表示してあります。
落丁・乱丁の場合は弊社業務部(電話03-5540-7800)へご連絡ください。
送料弊社負担にてお取り替えいたします。

朝日新書

閉ざされた扉をこじ開ける
排除と貧困に抗うソーシャルアクション

稲葉 剛

25年にわたり、3000人以上のホームレスの生活保護申請に立ち合うなど貧困問題に取り組む著者は、住宅確保ができずに路上生活から死に至る例を数限りなく見てきた。支援・相談の現場経験から、2020以後の不寛容社会・日本に警鐘を鳴らす。

患者になった名医たちの選択

塚﨑朝子

がん、脳卒中からアルコール依存症まで、重い病気にかかった名医たちが選んだ「病気との向き合い方」。名医たちの闘病法に必ず読者が「これだ！」と思う療養のヒントがある。帚木蓬生氏（精神科）や『「空腹」こそ最強のクスリ』の青木厚氏も登場。

自衛隊メンタル教官が教える
50代から心を整える技術

下園壮太

老後の最大の資産は「お金」より「メンタル」。気力、体力、脳力が衰えるなか、「定年」によって社会での役割も減少します。「柔軟な心」で環境の変化と自身の老化と向き合い、新たな生き方を見つける方法を実践的にやさしく教えます。

江戸とアバター
私たちの内なるダイバーシティ

池上英子
田中優子

武士も町人も一緒になって遊んでいた江戸文化。それはダイバーシティ（多様性）そのもので、一人が何役も「アバター」を演じる落語にその姿を見る。今アメリカで議論される「パブリック圏」をひいて、日本人が本来持つしなやかな生き方をさぐる。

不安定化する世界
何が終わり、何が変わったのか

藤原帰一

核廃絶の道が遠ざかり「新冷戦」の兆しに包まれた不穏な世界。民主主義と資本主義の矛盾が噴出する国際情勢をどう読み解けばいいのか。米中貿易摩擦、香港問題、中台関係、IS拡散、反・移民難民、ポピュリズムの世界的潮流などを分析。

モチベーション下げマンとの戦い方

西野一輝

細かいミスを執拗に指摘してくる人、嫉妬で無駄に攻撃してくる人、意欲が低い人……。こんな「モチベーション下げマン」が紛れ込んでいるだけで、情熱は大きく削がれてしまう。再びやる気を取り戻し、最後まで目的を達成させる方法を伝授。

翻訳の授業
東京大学最終講義

山本史郎

めくるめく上質。村上春樹『ノルウェイの森』、芥川龍之介『羅生門』、シェイクスピア「ハムレット」、トールキン「ホビット」……。翻訳の世界を旅しよう！ AIにはまねできない、深い深い思索の冒険。山本史郎（東京大学名誉教授）翻訳研究40年の集大成。

関ヶ原大乱、本当の勝者

日本史史料研究会／監修
白峰 旬／編著

家康の小山評定、小早川秀秋への問鉄砲、三成と吉継の友情物語など、関ヶ原合戦にはよく知られたエピソードが多い。本書は一次史料を駆使して検証し、従来の〝関ヶ原〟史観を根底から覆す。東西両軍の主要武将を網羅した初の列伝。

シニアのための なぜかワクワクする片づけの新常識

古堅純子

おうちにいる時間をもっと快適に！ シニアの方の片づけには、この先どう生きたいのか、どう暮らしたいのか、限りある日々を輝いてすごすための「夢と希望」が何より大切。予約のとれないお片づけのプロが、いきいき健康に暮らせるための片づけを伝授！

コロナが加速する格差消費
分断される階層の真実

三浦 展

大ベストセラー『下流社会』から15年。格差はますます広がり、「上」と「下」への二極化が目立つ。コロナはさらにその傾向を加速させる。バブル・氷河期・平成3世代の消費動向から格差の実態を分析し、「コロナ後」の消費も予測する。

清須会議
――秀吉天下取りのスイッチはいつ入ったのか？

渡邊大門

信長亡き後、光秀との戦いに勝利した秀吉がすぐさま天下人の座についたわけではなかった。秀吉はいかにして、織田家の後継者たる信雄、信孝を退け、勝家、家康を凌駕したのか。「清須会議」というターニングポイントを軸に、天下取りまでの道のりを検証する。

パンデミックを生き抜く
中世ペストに学ぶ新型コロナ対策

濱田篤郎

3密回避、隔離で新型コロナのパンデミックを乗り越えようとするのは、実は14世紀ペスト大流行の時と同じ。渡航医学の第一人者が「医学考古学」という観点から不安にならずに今を乗り切る知恵をまとめた。コロナ流行だけでなく今後の感染症流行対処法も紹介。

中流崩壊

橋本健二

経済格差が拡大し「総中流社会」は完全に崩壊した。そして今、中流が下流へ滑落するリスクが急速に高まっている。コロナ禍により中流内部の分断も加速している。『新・日本の階級社会』著者がさまざまなデータを駆使し、現代日本の断層をつぶさに捉える。

政治部不信
権力とメディアの関係を問い直す

南 彰

「政治部」は、聞くべきことを聞いているのか。斬り込む質問もなく、会見時間や質問数が制限されようと、オフレコ取材と称して政治家と「メシ」を共にする姿に多くの批判が集まる。政治取材の現場を知る筆者が、旧態依然としたメディアの体質に警鐘を鳴らす。